U0101397

台湾

「民主政治」透视

汪澍　洪伟　艾克／主编

华艺出版社
HUA YI PUBLISHING HOUSE

图书在版编目（ＣＩＰ）数据

台湾"民主政治"透视 / 汪澍, 洪伟, 艾克编. —北京：
华艺出版社，2014.2
ISBN 978-7-80252-502-3

Ⅰ. ①台… Ⅱ. ①汪… ②洪… ③艾… Ⅲ. ①民
主政治—研究—台湾省 Ⅳ. ①D675.8

中国版本图书馆CIP数据核字(2014)第038818号

台湾"民主政治"透视

主　　编：汪澍　洪伟　艾克
责任编辑：陈娜娜
装帧设计：姚　洁
出版发行：华艺出版社
社　　址：北京市海淀区北四环中路229号海泰大厦10层
电　　话：010-82885151
邮　　编：100083
电子信箱：huayip@vip.sina.com
网　　站：www.huayicbs.com
印　　刷：北京润田金辉印刷有限公司
开　　本：1/16
字　　数：178千字
印　　张：13
版　　次：2014年6月北京第一版第二次印刷
书　　号：ISBN 978-7-80252-502-3
定　　价：36.00元

目　录

第一章　台湾威权政治转型、政治革新及其困境 …………… 1

一、"台湾民主"打造出一个什么样板？ ………………… 1

二、台湾威权政体面临挑战 ………………………… 2

三、台湾政治转型中的"蒋经国因素" ………………… 11

四、台湾政治革新中的"李登辉背离" ………………… 20

五、"普力夺"特征与政治动荡 ……………………… 26

第二章　美日因素、依附政治与"务实外交"中的"民主牌" …… 37

一、马英九在感谢谁？ ……………………………… 37

二、台湾"民主化"进程中的美国因素 ………………… 38

三、台湾"民主化"进程中的日本因素 ………………… 51

四、依附政治、岛民心态与民主瓶颈 ………………… 61

五、台湾"务实外交"中的"民主牌" ………………… 70

第三章　台湾选举制度设计与"选举主义"陷阱 …………… 79

一、对选举的过度崇拜 ……………………………… 79

二、台湾政治文化视野下的选举制度 ………………… 81

三、台湾选举制度的演变及缺陷 ……………………… 89

四、台湾选举主义透视 ……………………………… 96

五、非理性选举的恶俗 …………………………… 101

六、"选举主义"导致的政治经济后果 ………… 113

七、台湾选举制度改革何去何从? ……………… 119

第四章 台湾政治制度的结构性缺陷与民主乱源 ……… 125

一、台湾"宪政体制"对"民主政治"的影响 ……… 125

二、台湾政党体制对"民主政治"的影响 ………… 140

三、台湾文宣制度对"民主政治"的影响 ………… 148

第五章 台湾"民主政治"的营销理念与民主异质化 ……… 163

一、"肉桶政治"真是难看 ……………………… 163

二、民粹政治的营销与异化 …………………… 165

三、娱乐政治"戏化"民主 ……………………… 176

四、媒体失重诱发的民主异化 ………………… 189

后记 ……………………………………………… 204

第一章　台湾威权政治转型、
政治革新及其困境

一、"台湾民主"打造出一个什么样板？

说起政治的革新与转型，台湾人记住了这样一个日子：1985 年 12 月 25 日。就在这一天，当时的台湾地区领导人蒋经国在一次会议上突然脱离讲稿，宣布蒋家人"不能也不会"竞选下一任"总统"。

这看似只涉及一个家庭——"蒋家"的决定，实际上意味着蒋氏"家天下"在台湾的完结，台湾真正进入了一个重大的政治转型期。

其实，在蒋介石去世之后不久，1977 年发生的"中坜事件"和 1979 年发生的"美丽岛事件"，就已经预示着台湾社会改变了以往一味追求经济建设的道路，涌动着呼吁政治革新、追求"民主政治"的潮流。

台湾地区这个潮流的涌动，并不是孤立的事，而是当时正在席卷全球的两股浪潮下产生的一种"天下大势"，一种"人心所向"。这两股浪潮，一股叫"经济的市场化浪潮"，一股叫"政治的民主化浪潮"。经济市场化的浪潮促使着包括中国大陆在内的一些经济体迈向改革与开放，形成了新的气象，一派生机盎然。正是来自中国大陆的改革开放、国际局势的变化和岛内本土势力上升及政治思潮形成的压力，蒋经国认识到只有持续发展经济、建立更开放的社会，在台湾的"中华民国政府"才能继续维持。于是，国民党当局决定"以党的革新带动全面革新"，进行"中央"民意代表及机构改革、举行"省市长"选举、解除"戒严"、开放民间组党等。这，意味着国民党将进行一次政治转型。

但是，并没有像台湾当局所想象的那样——政治一革新，政体一转型，就把台湾打造成西方式民主的亚洲样板了。在台湾"民主政治"的转型中，始终问题重重。所谓的台湾"民主政治"似乎依旧停滞于碎片式、畸形化的表现样式，派系争斗，族群撕裂，你争我夺，"普力夺"式（在制度化程度低而参与程度高的政治体制内，社会力量借助它们各自的方式直接在政治领域里进行活动的政治体制）的政治生态凸显。就如学者所言："台湾'民主'向着劣质化发展"。加之，"台独"势力导致民主严重异化，异化的"民主"反过来又成就了"台独"势力，蓝绿两个阵营的纷争，成为台湾政治转型之后伴生而来的"顽症"。一个时期以来，台湾已经为政党恶斗和民主异化付出了惨痛代价。社会阵营分裂，社会生活政治化，经济与民生不再是政客们关心的真正重点，使得台湾经济社会发展停滞，在东亚经济发展中出现"自我边缘化"的迹象。

如果一定要说"台湾民主"打造出一个什么样板的话，那应该是一个"普力夺"式的政治生态的样板，一个让你一眼能见的你争我夺、纷乱至极的"夹生民主生态"的样板，而绝非是"成熟的民主"的样板。一句话，"台湾民主"远非可以以"灯塔"自居，以"典型"自守。

二、台湾威权政体面临挑战

那么，如何考察台湾政治革新与转型的缘起呢？这还得从国民党退居台湾时所选择的"威权政体"说起。

所谓威权政体，是现代化进程中出现的介于极权政体和民主政体之间的较为温和的专制政体。威权政体作为一种政治形态，出现于 20 世纪30 年代的西南欧国家。这种体制最大的特点是依靠一个"政治强人"组建政府，对社会事务实行较多控制，以经济与社会发展的实际成效作为政府的合法性基础，有自由投票体制但不鼓励政治竞争和意识形态多元化。至20世纪60、70年代，东亚和拉美地区众多发展中国家不约而同地选择了以威权政体作为推动现代化的发展道路，威权政体俨然成为战后的主流。

应当说，威权统治给台湾地区战后的经济恢复发挥了制度性的效用。二战以后，国民党败退，蒋介石吸取了在大陆失败的教训，矢志于经济建设，以图东山再起。蒋经国时期，台湾当局结合自身实际情况，制定了"稳定、发展"的经济政策，优先发展进口替代工业，兼顾出口导向工业，实现了经济的飞跃发展。1961年至1988年间，台湾年均经济增长率达9.3%，基本实现了经济的现代化，成为令人瞩目的"亚洲四小龙"之一。

然而，随着台湾经济社会的快速现代化，被威权政体长期压抑的民众也要求更大的政治参与权利，反过来就对威权提出了挑战。民众迫切要求解除戒严、开放党禁、开放舆论，推行政治改革，实现民主政治。在这种情况下，台湾何去何从？是向民主化转型，还是坚持威权政体？是开放舆论，还是继续国民党一党专政严控舆论？这是摆在当时台湾地区领导人蒋经国面前的一个非常严峻的命题。特别是20世纪70年代，随着国际环境风云变幻以及台湾经济增长带来的阶级、阶层结构的重组，政治生态发生重大变化——从威权政体到政治多元化的转型，似乎已经水到渠成，呼之欲出。

那么，从蒋介石到蒋经国，威权政体是怎样逐步走向瓦解的呢？有人对此做了个"很文艺"的比喻："中华民国的党国体制，如果是一块铁板，难免有用铁量不足的地方且容易生锈，则被腐蚀开了天窗；如果是一块顽石，而顽石本身则有天生的裂缝存在，所以野草在石缝成长，开出民主之花。"

这里所说的"锈蚀"与"裂缝"，归结起来，其实就是影响台湾政治转型的几个方面背景因素：

（一）中产阶级的形成

经济的高速增长造成了多方面的影响：一是经济结构发生了根本性改变。农业在"国民生产总值"中的比重逐渐减少，工业在"国民生产总值"中的比重逐步提高。据统计，台湾农业人口从 1952 年的 52.4%，逐年下降到 1989 年的 18.1%。农业和工业在"国内生产净值"中的比例从 1952 年的 30% 比 18% 变为 1987 年的 6.2% 比 47.1%。台湾经济结构实现了从农业社会到工业社会的转变；二是经济体系中不同经济成分的地位作用发生改变。由于台湾实行出口导向型的经济发展战略，以民营资本为主体的中小企业蓬勃发展，民营资本在工业生产总值中所占的比重由 1952 年的 43.4% 增至 1987 年的 80.2%，同时公营资本所占的比重却从 56.6% 下降到 19.8%。更为重要的是，经济的发展催生了台湾的中产阶级。

据台湾"主计处"1987 年调查显示，台湾的中产阶级约占台湾所有就业人口的 1/5。而根据"行政院"经建会《人力资源统计年报》和台湾学者的分析，到 20 世纪 80 年代中期，台湾新兴中产阶级已占到就业人口的 30% 左右。尽管统计的口径不一，但不容置疑的是中产阶级异军突起。主要包括为受雇的行政及主管人员、企业经理人员和专业技术人员、自由职业者（医师、律师、会计师和文艺工作者）、中小企业家，年龄在 30、40 岁之间者居多，大都受过大专以上程度教育，2/3 在非公共部门从业，收入也较高。

中产阶级既在经济现代化崛起中扮演重要角色，又在民主政治进程中作为主要推动力量。从古希腊的亚里斯多德到 19 世纪的托克维尔，古典民主理论学者都认为，民主政治多半产生于中产阶级人数众多的地区。新马克思主义学者巴克顿·摩尔则言简意赅地指出："没有中产阶级，就没有民主"。就整体民主意识而言，台湾中产阶级与其他国家的中产阶级并无不同，只是因为省籍差异而在政党支持上存在着分野。一部分中产阶级倾向于从事或支持"体制外"的反对运动，成为威权政体的重要"压力"

来源；另一部分中产阶级则要求国民党进行"体制内"的政治革新，他们的民主理念和对执政党的政治支持，使执政党在政治改革过程中有了力量的支持，因而形成政治转型的"引力"。在支持反对威权政体运动的中产阶级当中，知识分子与中小企业家是其中坚力量。知识分子是反对运动的领导者与策划者；中小企业家则具备投入政治活动的财力，也以其个人财富为反对势力提供政治基金与可作为退路的职业。

台湾经济的快速发展和产业结构、就业人口的大幅变动，以及中产阶级的快速崛起，强烈地冲击着国民党的威权政体，政改的声音一浪高过一浪，落后的上层建筑已经不能适应已经发生变化的经济基础。从这种意义上看，台湾的政治转型归根到底是经济基础发展变化的结果。

（二）"党外势力"的挑战

在 1988 年以前，由于台湾实行"党禁"，除国民党以及从大陆迁台的民社党、青年党外，不准成立新的政党，一切反对国民党专制统治的政治力量都被统一称为"党外势力"。"党外势力"作为国民党以外的其他各股力量构成的政治力量，自国民党逃到台湾后就一直存在，但以前由于国民党严厉打压，"党外势力"发展空间相当有限。但时至 20 世纪 70 年代，伴随经济发展，台湾中产阶级日益壮大。为了保护自身经济利益，他们迫切要求在政治上掌控话语权，以改变"纳税有份，参政无份"的现状，由此汇聚成一股强大的与国民党当局对立的"党外势力"，并迅速崛起为台湾政坛上的一支生力军。不断高涨的党外反对运动也就成了台湾政治转型的内在压力。

1. "党外势力"挑战原有政权合时性

"党外势力"对国民党当局的挑战，实质是对威权政体下的统治合时性（非真正意义上合法性）的挑战。与西方国家政府的合法性来自其成立过程的合法性有所不同，威权政体的合法性（主要是合时性）主要来自政治领袖的个人威望和政府的施政绩效。于是，"党外势力"对国民党当局的挑战也就来自两个方面：一个是对执政者的政绩挑战。这里并不是说蒋家父子治理台湾没有政绩，而是在一个民主化的浪潮冲击下，一种意识已经产生："你上台做事，是不是人民的意愿"，"你的权力是不是人民赋予的"，这关系到你的政绩、你的作为有无"合法的民意基础"。没有了这一点，其政绩的合法性也就存在明显局限性；另一个是对执政党的意识形态宣传的挑战。当时国民党的意识形态教育已达到无孔不入的地步，除了学校政治课教育外，书籍、报纸杂志、广播电台电视都贯穿着铺天盖地的三民主义教育。意识形态教育自然旨在强化统治的合法性，但"说教"与"渗透"手段的全面周到并不能代表其效果的显著。"威权下的意识形态理论和威权统治本身一样"，其合时性（非真正意义上合法性）均面临理性的挑战，而且往往经不起理性的考量。

如此一来，"党外势力"的滋生暗长，并步步紧逼的挑战，也就招招击打在国民党"一党专政"的要害上，无疑动摇着其威权根基，迫使着蒋经国在容忍与压制上必须做出艰难的选择。显然，如果是一味镇压，只会徒增社会不安因素，且有损国际形象。倘若允许其进入制度化的竞争，也许可以将反对运动的力量和民间社会的要求纳入政治体系运作轨道之中，有利提升国民党政权的合法性。

再三权衡，国民党当局选择了"政治革新"，但这毕竟是为巩固国民党的"执政"地位而采取的被迫无奈之举，国民党肯定不允许一下子"让人全盘介入、全盘渗透"。于是，当时国民党采取了"封闭中央"与"开放地方"的政治策略。所谓"封闭中央"，是指中央级别的"国民代表大会"、"立法委员"不放开选举。所谓"开放地方"，是指中央以下级别，在台湾指（台）北高（雄）两地以外的县市，其所有公职人员均向地方开放，无论外省人士和本省人士，均可参加选举。国民党对地方的实质控制，是通过制定选举法和具体选举方案来操控人选。"开放地方，封闭中央"，是国民党威权统治下的台湾政权持续了20余年的"基本国策"。但20余年开放地方自治的结果，必然是民智——自我权利意识的觉醒和上升。这种上升，也很自然地会对"封闭中央"，也就是台湾封闭的顶层民意机构，造成越来越大的冲击。未曾料到的是，国民党"封闭中央"的美梦，在不经意间造就了"地方包围中央"的政治态势，培植了政治发展的生长点和政治行为主体，最终成为了国民党威权政体的掘墓人。

2. "党外势力"的主要活动形式

当时，台湾"党外势力"反对运动形式主要有三种：

首先是创办政论性刊物。最活跃的"党外势力"刊物有《大学》杂志和《台湾政论》月刊。《大学》杂志创办于1968年，最初是一本文艺、教育类刊物。从1971年开始，《大学》杂志的编辑方针转变为以政论、社会评论为主。1971年1月，发表刘福增、张绍文、陈鼓应的"给蒋经国先生的信"，呼吁"政治革新"。10月，发表由杨国枢、张俊宏、高准、陈鼓应、许信良等15人联合撰写的"国是诤言"，从人权、经济、司法、立法等不同角度对台湾政治权力结构调整、政治革新、"国会"改选等进行探讨，在台湾社会造成巨大震动。1972年1月，发表"国是九论"，对台湾社会的结构性问题进行系统批评，并对蒋经国倡导的"革新保台"提出建言。

一直以来，"党外势力"就是以这些政论刊物为阵地，批评国民党的威权统治，质疑台湾"国体"、"政体"和"法统"，并直接向民众喊话称"选举是民主政治最根本的制度"等，在民众中造成巨大冲击力，直接动摇了台湾国民党威权政治的根基。

其次是参加竞选活动。积极参加各项选举，是"党外势力"同国民党斗争、壮大自身力量的主要手段，也是争取问政的重要管道。"党外势力"参与选举的方式，一个是参与"地方选举"，从底层瓦解国民党统治根基；另一个是"中央民意代表"增额选举，从高层挤压国民党施政空间。按照台湾当局的规定，"台湾省主席"、"台北市市长"以上是不能选举的，但地方县长、市长以及县、市议员则由选举产生，"国大代表"、"立法委员"等所谓"中央民意代表"在保持从大陆当选的终身委员不动的情况下视遗缺情况进行"增选",这样既能粉饰国民党的一党专政,又能保证在人数上对"民意机构"绝对控制。

由于国民党占有政治、组织和资源上的优势,又操纵选举,而党外人士则多是单枪匹马,孤军奋战,因此在20世纪50—60年代,只有极少数非国民党人士在选举中取胜。70年代以后,"党外势力"改变了过去单打独斗的做法,参选人不仅有自己的助选团,还开始相互配合、协同作战。在准备1978年的"中央民意代表增额选举"时,就出现了一个统一的"台湾党外人士助选团",统一政治诉求、统一竞选口号、统一助选服务,声势空前。此举不仅使"党外势力"直接杀入"中央民意机构"与国民党较量的可能性加大,而且使其趁机壮大了自身力量,更使得这些"党外势力"找到了对抗国民党的有效手段。很快,"党外势力"就在1977年11月的"地方选举"中初战告捷,得票率超过30%,在个别地区甚至达到60%以上,4人当选县、市长,21人当选省"议员"。这次选举被视为"台湾政治气候转变的关键",并使得这些"党外势力"在一定程度上具备了政党的雏形,也为其后台湾反对党赢得选举积累了丰富的经验。

再次是组织街头反对运动。在20世纪70年代,台湾爆发两起政治事件都与"党外势力的挑战"有关,是台湾"党外势力"直接领导的、与国民党当局展开的一场有组织、有准备的政治较量。

一起是"中坜事件"。1977年11月19日,台湾当局举行台湾"省议员"、"县市长"、"县市议员"及乡镇县辖"市民代"和"乡镇县辖市市长"等"五项地方公职人员选举"时,参加桃园县中坜镇投票的选民,对国民党当局用金钱收买、警察干涉等手段控制选票,以保证国民党提名的候选人当选的舞弊行为极为不满。在部分"党外人士"带头下,上万群众包围了中坜镇警察分局,当场烧毁8辆警车、60辆双轮摩托车。国民党出动"镇暴队",向选民开枪射击,打死1名大学生和1名工人,从而更加激怒了选民,他们当即放火焚烧了中坜镇"警察分局"。据当时的台报称,这是国民党去台后举办"地方公职人员选举"以来所发生的规模较大的一次政治性事件。这次事件彻底暴露了国民党统治的危机，对台湾国民党威权政体的打击甚大。

另一起是"美丽岛事件"。1979 年 12 月 10 日，《美丽岛》杂志社以纪念"世界人权日"为由，在高雄组织 2 万多人集会，并在晚上举行游行，强烈要求国民党当局"解除戒严令"，"开放党禁、报禁"。国民党当局出动了大批军警进行镇压，并与游行民众发生大规模流血冲突，造成近 200 人受伤，酿成震惊海内外的"美丽岛事件"。之后，国民党当局开始大规模搜捕事件参与者，黄信介、施明德、张俊宏等共 152 名党外人士以"涉嫌叛乱罪"被抓扣，聚集在《美丽岛》杂志周围的"党外势力"核心人物几乎被一网打尽。《美丽岛》杂志及其在各地的分支机构被查封。1980 年，经过"军法审判"，以"为中共统战"和"台独叛乱"罪名，大多数被捕人员被判刑入狱。"美丽岛事件"虽使"党外势力"的活动受挫，但也使国民党的统治受到了严重挑战，并为后来"党外势力"的再起和反对党的出现打下了基础。

"中坜事件"和"美丽岛事件"等街头抗争虽然遭到了国民党当局的强力镇压，但同时也让蒋经国看到了群众运动中蕴含的惊人能量。

（三）国际环境的挤压

1949 年以后，美国在联合国操纵表决机器，一直以"延期审议"为名阻挠讨论恢复中华人民共和国合法权力的问题，致使台湾当局得以非法窃踞中国在联合国的合法席位长达 20 年之久。

1971 年 10 月 25 日，第 26 届联合国大会以 76 票赞成、35 票反对、17 票弃权的压倒多数通过了由阿尔巴尼亚、阿尔及利亚、罗马尼亚等 23 个国家提出的关于恢复中华人民共和国在联合国一切合法权力并驱逐台湾当局的提案。应当说，台湾地区在当时的国际处境已经是相当艰难。至 1971 年，已有 65 个国家与中国建交，而与台湾当局维持"外交关系"的国家只有 55 个。更可悲的是，台湾一"退联"，就出现了"多米诺骨牌"

效应，几乎一夜之间，20多个国家与台湾当局"断交"。随后，一直作为台湾"靠山"的日本、美国也相继与之"断交"，大有风雨交加、大厦将倾之势。

1972年6月，蒋经国以有史以来最高得票率出任"行政院长"，进入政治权力的核心，台湾步入蒋经国时代。但新的领导人无法阻挡民主进步的历史车轮。也就是说，蒋经国主政时，国民党威权政体已经十分明显地出现了"合法性危机"，其主要表现：一是外在支持开始弱化。从1971年台湾被赶出联合国，到1972年中美发表"上海公报"和中日建交，台湾遭到一连串的"外交"挫败，在国际上日趋孤立。二是"内部合法性"也逐步衰退。大多数高层政治职位由占岛内人口少数的大陆籍人士独占，政治权利的分配不平等受到民众强烈质疑。

而此时，被美国学者塞缪尔·亨廷顿誉为"第三波"——20世纪后期民主化浪潮正在世界各地如火如荼地推进，世界民主化运动蓬勃发展使国民党威权统治更陷于困境。正如亨廷顿在《第三波民主化浪潮》一书中所言："20年前，世界上约有不足30%的国家是民主国家，现在，60%多的国家是通过某种形式的公开、公平和竞争性的选举来建立政府的。"

紧接着，1986年3月，菲律宾"黄色革命"推翻了马科斯独裁政权的统治；1987年6月，持续不断的学生运动导致了韩国全斗焕政权的垮台，韩国开始向民主化过渡。台湾与韩国、菲律宾相邻，在"政权"结构、社会构成、内外环境各方面多有相似之处，这便产生了"某些威权政权的垮台对其他威权国家统治者和反对派的信心所起的雪崩效应"。所有的这一切轮番冲击着国民党威权统治者的心理底线，让他们明白与其被势不可挡的民主化浪潮所掀翻，不如顺应潮流主动进行"政治革新"。

当然，那时候更有来自美国的幕后操纵和干预，对台湾民主化进程起着推波助澜的作用。美台"断交"后，美国出于对亚太地区战略的考虑，认为一个"亲美反共"的民主政体要比一个"亲美反共"的威权政体更稳定可靠，更能维护美国利益。基于此，美国一些国会议员开始大刀阔斧地推动台湾政治体制由"军事戒严"、"一党专政"向西方政党制度过渡，力图"形成一种'以独制蒋、以蒋制共、以共制苏'的一环套一环的连环套"，以便从中渔利。1986 年 8 月上旬，美国众议院外交委员会通过《台湾民主决议案》，呼吁国民党当局"允许人民组织反对党，停止新闻检查制度，确保言论、集会自由，朝真正的代议制制度迈进"。从此，台湾地区民主化进程已成不可逆之势，国民党威权政体也行将就木。

此外，中国大陆改革开放政策日见成效，经济腾飞势不可挡，中华人民共和国在国际上已经成为"中国"的唯一合法代表，国际地位日益提升。与之相反，台湾地区"中华民国"的国际空间则日益萎缩，国民党当局单单依靠经济增长来维持其统治合法性的空间也在缩小。岛内的投资率从 1980 年以后持续滑落，从 25% 以上降至 1986 年的 16.3%。本地民间资本的不投资或外流，主要是资本家对现行政治体制是否能维持政治社会秩序表示不信任。民间投资的不足对经济发展的影响，给国民党统治带来了很大的压力。国民党当局不得不承认这是"迁台以来的最大挫折"，整个台湾政坛风雨飘摇，这无疑增强了台湾政治转型的推力。

三、台湾政治转型中的"蒋经国因素"

台湾政治威权转型与政治革新是历史趋势的使然，是多重因素交叉作用下的结果。从客观上看，"党外势力"活动由下而上持续推动和岛内外压力与时俱增是其根本的原因、根本的推动力。但是，不可否认"政治强人"蒋经国在关键时刻的抉择亦是台湾结束威权统治的重要因素，至少，因为有了蒋经国，台湾政治转型"可算是一种政治'软着陆'"。

（一）蒋经国的痛苦抉择

众所周知，蒋经国是当时台湾"蒋氏家天下"的世袭继承人。1975年 4 月 5 日蒋介石去世，其职务名义是当时的"副总统"严家淦继任，但实权却掌握在当时的"行政院长"蒋经国身上,蒋从此成为国民党当局的实际领导人。1978年5月20日,蒋经国就任台湾第六任"总统"。

与其父相比,蒋经国在个人民主素养、施政风格、政治策略选择上卓然特立,具有自己的鲜明特色。

蒋介石尊崇传统文化,特别对阳明哲学和曾文正倍加推崇,崇尚专制与威权,民主观念很淡薄。蒋介石的"卧榻之侧是不容他人酣睡的"。当时岛内流传这样一则政治笑话:孙中山在天堂遇见蒋中正,问他有没有好好遵循他的民主原则轮替?蒋中正回答道:"报告总理,依照三民主义及宪法原则,各任总统如下:第二任于右任(余又任)(于右任,著名国学家、政治家);第三任吴三连(吾三连)(吴三连,著名民报人);第四任赵丽莲(照例连)(赵丽莲,著名外语教育家);第五任赵元任(照原任)(赵元任,著名音乐家)。"这则政治笑话是利用谐音讥讽蒋介石及其政权世袭制。

而蒋经国早年留苏并滞留12年,受到苏联体制的影响,政治倾向进步,有一定的民主素质。当然,作为一个"政治强人"而登上权力殿堂的蒋经国照样会有"卧榻之旁不容他人酣睡"的意识,要他向"党外势力"让出政权空间,毕竟是一个艰难的选择。特别是到了20世纪80年代,国民党当局已被历史逼到了一个痛苦选择的十字路口,蒋经国要么强力镇压,要么开放政权,二者必居其一。理性考虑岛内外日益增长的巨大政治压力,蒋经国已经明白"镇压成本"正在与日俱增。于是,再三权衡之下,蒋经国把橄榄枝伸向了"党外势力",毕竟"容忍成本"相对较低。正如西方学者梅沃林所言:"当威权统治者认识到维持威权统治的成本在升高,而开放民主化的成本在下降,则出现由执政精英发动的民主转型的机会将会增加。"可以说,蒋经国主导推动台湾的民主化进程正是对成本"计算"后的策略选择的结果,实乃不得已的选择。台湾"中研院"社会所研究员吴乃德这样说:"外面都说蒋经国是民主的推手,但事实上,他的改革却是在美国和人民的双重压力下,被迫采取的决定。我认为,蒋经国对台湾民主的唯一贡献，就是自动移开了他的独裁。"

吴乃德还说，蒋经国从来就不是民主主义者，但当形势比人强的时候，他愿意屈服。吴乃德进一步指出，蒋经国后来的民主改革并非他的政治信念，而是他对政治形势所作的回应。对此，我们从蒋经国晚年的心路历程与面对变局的指示、言论中可作大致窥探。

1979年底，蒋经国在国民党十一届四中全会上首次正式提出要进行政治体制改革，改革一切政治缺失，广纳民意，扩大政治参与，实现民主政治制度。1981年3月，国民党"第十二次全国代表大会"公开确定了蒋经国在十一届四中全会上提出的"政治民主化"方针，提出了政治体制改革的要求。1986年10月5日，他在一次国民党中常会上发表讲话："时代在变，环境在变，潮流也在变，因应这些变迁，执政党必须以新的观念、新的做法，在民主宪政体制的基础上，推动革新措施，唯有如此，才能与时代潮流相结合，才能与民众永远在一起。"他还特别强调，十二届三中全会应是"国民党在作风上的一个分界线，改变过去比较保守的做法"。国民党要"在力求进步与发展的过程中"，"不断地自我检讨，发掘缺点，并以魄力、担当和勇气面对现实，做必要的改革"，要"突破困难，再创新局"。

1986年9月30日，135个反对派人物在台北市圆山大饭店集会，组建起了"民主进步党"，并一致通过民进党党纲，宣告民进党成立。蒋经国通过监控录像看完了大会直播的全过程。在《我们台湾这些年》一书中曾披露这样一个细节：随后当局情治部门立即呈上"反动分子"名单，蒋经国未批，说道："使用权力容易，难就难在晓得什么时候不去用它。"蒋经国还对李登辉指示说："此时此地，不能以愤怒的态度，轻率采取激烈的行动，引起社会不安。应采取温和的态度，以人民、国家安定为念处理事情。不违反国策、宪法规定，研究组党可行性，暂时秘密进行。"1987年7月，在台湾实施长达38年、全世界施行时间最长的"戒严令"宣告撤销，与此同时，"党禁"和"报禁"也宣告取消。从此，台湾开始迈进政治改革的门槛。

一言以蔽之，蒋经国清晰地洞察到了"压制"与"容忍"代价的悬殊，唯有以多元政治、开放政权以消解"党外势力"的合力，台湾政治合法性方可得以延续。应当承认，国民党当时依然有强力压制"党外势力"的资本，然而，镇压非但不能瓦解反对势力，反而会激化社会矛盾，使"社会"与"国家"逐渐分化。事实证明，与"镇压"比起来，"容忍"的确是理性明智之举。其意义在于：一是提升政权的合法性。既可避免双方直接冲突，保持社会的相对稳定，又可缓解台湾社会对国民党的改革压力和反抗情绪，重新获得台湾民众的支持；二是掌握政治主动权。国民党让权仅仅是适时地、适当地让步，绝非平起平坐，在其选举中的绝对优势不可撼动；三是改善国民党的国际形象。如此一来，既可对美国有所交待，还可抵消民主化第三波浪潮带来的负面冲击，提升与大陆改革开放抗衡之资本。

（二）蒋经国做了哪几件事？

蒋经国是深谙"变则通，通则久"之精髓的。毕竟时代在变、潮流在变、环境在变，国民党统治"处于存亡续绝、盛衰荣枯的关键时刻"，尽管他"不情愿"，甚至"很无奈"，但他还是适时地"作出了回应"，让"政治革新"在国民党内部形成共识，并摆上议事日程。

1. "党务革新"

"党务革新"其实是蒋介石统治台湾时，国民党当局就一直在使用的巩固其统治的一个重要手段，几十年从未放松过，只是其重点是坚持党政"一体化"，强化"以党治国"功能，并从思想、观念、组织上，加强对党员整顿，强化"组织领导"。

按照国民党的这种惯性思维，政治革新的前提自然仍是党务革新，即首先要整顿党的组织。不过，时代不同了，"党务革新"的内涵也就有所不同。1979年12月，国民党召开十一届四中全会时，蒋经国在会上首次提出了在维护"宪政体制"和厉行"民主法治"的大原则下，实现"民主政治制度"。这是蒋经国首次正式提出要进行政治体制改革，即实现"政治民主化"。1981年3月国民党召开"第十二次全国代表大会"，会上又重申要进行"党务革新"，并提出要发挥党的战斗力功能，改进党的领导，建立党的进步体制，开拓党的群众基础。

到了1986年3月国民党召开十二届三中全会时，会议根据蒋经国讲话精神通过了《承先启后，开拓国家光明前途》的中心议题案。该案明确指出：自国民党二中全会以来，遇到新的挑战，产生了许多亟待革新和解决的问题，并提出"要以党的革新结合行政的革新"，"带动全面的革新"。"政治革新"实施阶段全面展开，推出了一系列"革新保台"、"在台生根"的措施，它包括党务革新、政权放开、解除"戒严"和开放"党禁"、"报禁"等四个方面。

也就是在国民党十二届三中全会上，蒋经国调整了中常委的组成，将能坚决贯彻蒋经国意图的李焕、吴伯雄、施启扬、陈履安等吸收为中常委，并由此真正开启了现代意义的"党务革新"的序幕。这次会议意义重大：一是提出了"提升服务精神"，强调党员要在各项工作中"以服务代替领导"；二是提出"依法治党"，在国民党内进行"守法教育"，要求党员"体认法律是国家的纲领、社会的规范、生活的准绳，树立法律的尊严，确立人人以守法为荣，违法为耻的观念"；三是"严格考核干部"，提出了由"中央考纪委员会"组织考核党员"党性党德、从政党员之工作效绩"。同时，精简党务专职干部员额、扩大通用义务干部，延揽专家学者及社会各阶层参加党务工作，起用宋楚瑜、高铭辉、马英九等一批能贯彻蒋经国意志的幕僚班子。"党务革新"的开展，为全面革新做了思想和组织上的准备。

"党务革新"的有效推进，标志着"民主化"和"制度化"的政党竞争型体制正在形成。在"党务革新"中，国民党的组织功能在悄然发生变化：一方面竞争型政党制度化建设日趋完善。效仿西方资产阶级政党体制，逐步建立起一套关于决策程序、党政关系、政策协调以及动员辅选的制度，力图把原来只适用于对内控制、高度集权的政治支配体系，逐渐改建成具有动员选举、协调执政能力的政治动员体系。另一方面党内民主化程度日益扩大。在决策上强调"政策结合民意"，在干部选拔上以"竞选"或"选拔"的方式取代原来的"指定"和"任命"方式。

2. "政权开放"

1972 年 12 月台湾当局举行首次"中央民意代表增额选举"，共选出"国大代表"53 名，"立法委员"36 名，"监察委员"15 名。从此，台湾的"国会"成员展现出些许新气象，既有在大陆选出的不改选"议员"（包括 1969 年在台湾补选出的不改选"议员"），又有定期改选的"增额议员"。

这就是人们所热议的台湾"政权开放"的开始。但是，这个时期以及此其后一段时间里，台湾的"政权放开"是有限的放开，旨在吸收一部分党外人士进入"体制内"，共同服务于现存体制，以消解分散"党外势力"的力量。同时，也因为打破了原先"万年国会"和"万年议员"的国民党政权世袭化、老龄化的格局，一些"党外势力"充实了"中央民意代表"机构，至少让人感觉到这在一定程度上改变了"国会"功能形同虚设的状况，也在一定程度上彰显了政权"合理性"。

此后，蒋经国采取了温和折中的办法，既照顾国民党元老派的情绪，也照顾到"党外势力"的诉求，逐步扩大"中央民代"增额选举，使"政权开放"的程度逐步加大。

然而，增额选举的推行是一柄"双刃剑"。一方面，增额选举缓解了与国民党政权"法统"地位相对抗的"党外势力"矛盾。另一方面，增额选举从底层对国民党威权政体制造了巨大冲击波。这种冲击体现在这样几个方面：一是国民党政权不可避免地走向"本土化"。在选举的数量竞争中，"本省人"拥有多数性的自然优势，在首届增额"国代"和"立委"中，有 79 名是台籍人士，这样就造成了"本省人"对"外省人"的挑战。二是政权开放向中央层面移动。增额"中央民意代表"选举意味着竞争的层次已开放到"中央"层级，长期封闭的中央权力禁区已被撕开一道裂缝，沿袭近半个世纪的国民党"资深代表"将成为威权体制的殉葬品而载入历史。三是为"党外势力"问鼎政权提供了合法性平台。增额选举不仅为有政治企图的人提供了迈向高层的合法管道，而且因竞争区域全岛化，政治议题由地方性升级为"中央性"，有利于发展出全岛性的组织。简言之，蒋经国初衷是为了缓解政治矛盾，在强化政权的"合法性"基础上减少社会冲突，但却在不经意间把台湾威权体制推向坟墓边缘。

蒋经国的"政权开放"还有一个举措，那就是直接实施"本土化"、"年轻化"政策。

所谓"本土化"，从广义而言，指的是政策台湾化，即在政治、经济、社会各层面建设上根植台湾；从狭义而言，指的是人事台籍化，即在重要党政部门增加台籍人士比例。从本意来说，蒋经国的这些做法，目的在于缓解省籍矛盾。可以说，省籍矛盾一直是台湾社会的痼疾。究其原因，既有地理因素、移民因素的影响，也有国际因素和政治因素，即，国民党逃到台湾后对台湾民众权力的严重侵犯。蒋经国主政后，考虑到"政权能否维持下去，占台湾人口85%的台籍人士的人心是一个重要的关键"。于是，他大力推行"以台治台"、"扎根台湾"的"本土化政策"，即所谓"向下扎根、向上发展"。

而所谓"年轻化"，是吸纳大批第三代精英进入台湾政治舞台。改组后的"行政院"成员平均年龄为61.8岁。权力集团"年轻化"所带来的副产品是"专业化"。大批受过高等教育、具有专业知识的第三代精英取代威权时代纯行政型的资深官员。例如，"行政院副院长"徐庆钟是农学博士，"经济部长"孙运璇是电力专家，"教育部长"蒋彦士是留美博士，"财务委员"李连春和李登辉都是农学专家，"财政部长"李国鼎是留英专家，等等。

蒋经国推行"本土化"、"年轻化"的改革举措，是面向社会精英的"政权开放"模式,目的是向垂死的威权政体身上注入新鲜血液,吸纳台籍精英进入政治舞台,这,却为后来推动政治转型的生力军,以及造成新的族群撕裂、政党恶斗提供了滋生土壤。

3. 解除"戒严"

长久以来,台湾各界人士谈"令"色变,但这个"戒严令"毕竟一颁布就是几十年时间,各界人士只能在"色变"中、在"惶恐"中忍受着。一直到"党外势力"崛起,台湾岛内要求政治改革的呼声越来越高,才有越来越多的人向"戒严令"发起冲击,而"党外势力"无疑成为冲击"戒严"的急先锋。在如此的形势下,1987年6月23日,"动员戡乱时期国家安全法"在台湾"立法院"三审通过,蒋经国在1987年7月14日宣布:自7月15日起在台湾地区"解除戒严","戒严令"及30种相关的法规、条例停止施行。

在国民党解除"戒严"的过程中,还有一个因素不容忽视。在那些年里,中国共产党和中国政府多次向台湾当局发出和平倡议,呼吁国民党当局告别戒严体制,结束对立,为实现祖国统一的事业做出宝贵的贡献。比如1979年全国人大常委会发表的《告台湾同胞书》,宣布中国人民解放军从此停止对金门等岛屿炮击;1984年中国共产党提出"和平统一,一国两制"的方案,才最终促使台湾当局实施30多年的戒严体制失去了存在的理由。

值得注意的是,国民党当局虽然宣布取消"戒严令",但并未废除"戒严法"。如果将"国安法"与"戒严法"相比较,"国安法"改变军事戒严体制、回归平常状态,在一定程度上放宽了对集会结社、出入境、民事审判等方面的限制。它的出台,就使得台湾当局从实质上开始放松对岛内的专制统治,使国民党与台湾社会各阶层的僵持关系得以缓和,从而为进一步"革新"创造了条件。

只是,让国民党万万没有想到的是,"戒严"的解除使台湾的政治体制开始由"军事戒严"、"一党专政",向西方式"政党政治"方向过渡,或多或少增加了各界社会人士参政、议政机会，这也就成为"党外势力"日益激烈地同国民党争权夺利，并最终导致国民党失去了几年执政权的一个真正"拐点"。

4. 开放"党禁"、"报禁"

就在民进党成立的 1986 年的"双十节"上，蒋经国指示修订"人民团体组织法"、"选举罢免法"、"国家安全法"，开启台湾民主"宪政"之门。国民党还通过决议，开放了"党禁"。国民党高层则纷纷质疑，有人甚至提醒说："这样可能会使我们的党将来失去政权！"

开放"党禁"意味着旧时代的终结，国民党"一党专政"、"以党代政"将一去不复返，换言之，台湾已由"集权政治"逐步向"政党政治"过渡。开放"党禁"后，台湾出现了"组党热"，岛内新建党派如雨后春笋般出现。而后，随着民进党、新党的崛起，使得台湾逐渐形成"多党竞争、两党制衡"的政治格局。

与此同时，台湾当局"新闻局"会同省市报业公会在 1987 年 12 月 1日宣布，自 1988 年 1 月 1 日起解除"报禁"，并达成 8 项协议，以制约开放"报禁"后报业的自由竞争。

应当承认，国民党的政党性质，在经历"政治革新"之后，已从 20世纪 50—60 年代所保持的大陆时期"支配型政党"的形态，向具有明显地区性特征的"竞争型政党"过渡。以大陆籍势力垄断权力为基本特征的封闭性统治形态不复存在，台湾省籍势力作为新生力量将堂而皇之地步入政坛，并与大陆籍人士形成了相互制衡又相互依赖的政治关系。

由于台湾地区领导人采取了主动开启"民主改革"的应对方式，由执政党自上而下主导推动，同时容忍社会力量自下而上的推动，转型过程处于执政党的控制之下，这使台湾以最小的成本实现了政治转型的"软着陆"。但同时也酿造出了新的危机，加上蒋经国身后，李登辉等人的恶意推动，台湾政治生活呈现出一种新的竞争、争斗，乃至恶斗的形态。诚如学者所言："乱象纷纷，纷纷乱象"成了台湾民主的"新气象"。

四、台湾政治革新中的"李登辉背离"

1988年1月13日，蒋经国在台北病逝。

蒋经国去世造成的最高权力真空，导致了各政治势力之间的权力争斗。按照"宪法"规定，"总统"逝世由"副总统"继任。更何况，李登辉是蒋经国1984年钦点的培植接班人。这样一来，李登辉就顺利继任了"中华民国"第8任"总统"，也是第一位本省人"总统"。

在论资排辈的党政结构中，李登辉资历短浅即接掌大权，不少国民党人在情绪上无法接受，再加上李登辉是本省人，他们对李也怀有戒心，怀疑他有"台独"倾向。于是，以李登辉为首的新兴势力与以国民党秘书长李焕、参谋总长郝柏村为首的党内元老，还有以宋美龄为代表的蒋家势力围绕蒋经国去世后留下的权力真空展开了激烈争斗。

1988年1月27日，国民党中常会召开。当时权力斗争极为剧烈，甚至出现了时任副秘书长的宋楚瑜以离席抗议大会压制提议李登辉为代理党主席的著名的"临门一脚"。最终，国民党的元老们也就没有能够阻止大会推举李登辉为国民党代理主席。1988年7月7日，中国国民党第十三届代表大会更是正式确立了李登辉党主席一职。会上通过的"现阶段大陆政策案"是李登辉新大陆政策的起点。于是，在台湾，"李登辉时代"真正来临了。

应该看到，蒋经国实行的是"政治革新"，而李登辉推行的则是"宪政改革"。李登辉的"宪政改革"既是对蒋经国时期"政治革新"的承继、创新与突破，又有相当部分背离了蒋经国所持立场与政策轨迹。当一系列"政治革新"举措推行后，遭遇了所谓"宪政改革"的曲解与干扰，台湾政治体制"质变"的轨道就完全背离了蒋经国实现中国统一的初衷。此种主观目的（中国统一）与客观结果（"台独"本位）的错位，可以说是蒋经国"政治革新"带来的副产品，实质上更应该说是李登辉居心叵测一手造成的。蒋经国曾经竭力遏制"分离意识"，以期达到"统一复国"的战略目标，但"政治革新"的结果却使台湾在民主之路上一开始就偏离了轨道，并为日后李登辉的"宪政改革，分裂中国"提供了台阶。也就是说，蒋经国的"政治革新"较早地实行了通过政治改革走上多元"民主化"道路，在为台湾社会、经济、文化发展提供新推力的同时，极大地提升了台湾人民的积极性和创造性。但是，李登辉主政以后，恶意利用蒋经国"政治革新"中的偏差，把台湾推向了"台独"深渊。

李登辉主政后，为实现"中华民国"台湾化的"台独"目标，三管齐下，全面扭转了国民党"政治革新"的原定方向，使其发生了根本性的背离。

（一）通过"修宪"迈向"台独"

1990年5月20日，李登辉在"总统"就职演说中正式宣布了进行"宪政改革"的任务。由于"宪政改革"是涉及到台湾前途和各党派、各部门权力利益再分配的大问题，岛内各党派之间甚至国民党内部对"宪政改革"的性质、目标、内容、步骤争议很大、矛盾重重，"宪政改革"未按李登辉所预计的在3年内完成，而是持续了近20年，时至今日尚未结束。

如果说十三大是国民党新大陆政策的起点，那么"国是会议"的召开、"国家统一纲领"的制定则标志着新的大陆政策的形成。1990年6月28日至7月4日，朝野各界人士142人在台北召开了"国是会议"。国民党、民进党、民意代表、学者专家、工商领袖和新闻界代表就"宪政改革"和大陆政策等一系列问题进行磋商。在国民党主导的"国是会议"上，"台独"势力开始登堂入室。

1992年6月至2000年4月，李登辉强力推动第三至第六次"修宪"，从法源上为"台独"做了准备。1992年"总统直选"案曾受到党内非主流派强烈抵制，1994年排除了党内非主流派的阻力后的"国大"上得以通过，形成新的"宪法增修条文"，确定"总统、副总统"由"中华民国自由地区"全体人民直接选举产生。1997年7月完成的第四次"修宪"，确定所谓"精省"、"总统"扩权。借口减少行政层级,废止台湾省议会,冻结台湾省长选举,为虚化台湾省级建制,在台湾人民心目中抹去"省"的形象向前迈进了一大步。

李登辉祖籍福建省永定县,1923年出生于台北县,其父当过日本殖民者的刑警。李登辉本人自幼深受日本"皇民化"教育,曾恬不知耻地宣称当过22年的日本"国民"。他作为台湾当局的负责人,还声称日本村山首相对50年前的战事道歉没有必要,难怪日本《邮报周刊》说,"李(登辉)总统,比现在的日本人还更有日本人的心情"。由于李登辉从小受日本殖民主义教育影响,统一的理念淡薄,"独台"情结浓厚,竭力维持现状并不断推动"独台",成为李登辉"宪政改革"的一个重要指导思想。"修宪"中关于"中华民国"治权范围的修订以及1997年"冻省"的决议都能看出这个倾向。

这一系列的"修宪"导致台湾向法理"台独"迈进了一大步,"宪法增修条文"在逐步推翻原有"法统"的同时,也塑造了所谓"中华民国在台湾"的"新政权体制",为台湾"政权本土化"完成法制程序。

(二)以"党外"压"党内",瓦解了国民党

李登辉上台之初,在国民党内的权力基础极不稳固。李登辉迫切需要借助政治"民主化"和"自由化",甚至借助"台独"主张获取台湾一部分民众的认同,同时,又支持联合"党外势力"向党内"保守派"施压,稳固自己的地位。于是,从1990年开始,李登辉大幅放宽海外被列入"黑名单"人员的入境限制,使得大批"台独"分子从海外回流到台湾,造成岛内"台独"运动声势高涨。1991年10月民进党通过"台独党纲",对此,李登辉所持的是默许态度,没有采取任何惩罚措施。

更为可怕的是,李登辉掌权后,为巩固个人地位而采取"台人治台"的战略,来培植个人势力,使本省人在政坛上平步青云,外省籍人士从政更加困难,逐渐实现了政权组成和政治运作的"台湾化",这使蒋经国的

"大陆籍人士掌权"、"台人制台"的"本土化"有了质的改变，刺激了"台独"势力的发展。

李登辉对"台独"势力的纵容和祖护，使得国民党内部在如何对待"台独"的问题上出现严重的路线分歧。1993 年 8 月 10 日，国民党在"立法院"的次级问政团体——"新国民党连线"宣布脱离国民党另组"新党"，并打出了反对李登辉路线和保卫国民党"正统"的旗帜。

同时，国民党内斗分裂的过程也是李登辉和民进党等"台独"分裂势力"改革结盟"的过程，双方为谋取各自的政治利益"分进合击"。钮汉章所著的《台湾地区政治发展与对外政策》一书指出："一方面是李登辉借助民进党的政治外援打败国民党内政敌，进而成为新的政治强人；另一方面则是民进党借助李登辉的领导权威扩大改革空间，进而汲取新的政治资源。"李登辉这一系列的做法，使国民党的思想理念开始动摇，组织系统陷入混乱，支持群体出现分化，整体实力大幅削弱。

李登辉种种行径其实只有一个目的，就是致力于使中国国民党变成"台湾国民党"。正如前民进党主席施明德所言："李登辉就任'总统'四年来的最大功能是瓦解了旧国民党那个巨无霸。"李登辉也多次声称，国民党已"老店新开"，"国民党早就是台湾国民党了。这样很好啊！"李登辉与日本作家司马辽太郎谈话时，更是直言不讳地说："国民党是一个外来政权"，"要成为台湾人的国民党"，并致力于建立"台湾人的国家"。

李登辉的"宪政改革"本质上是为其个人政治目的和政治利益服务的，它直接导致了国民党内利益的分化和组织上的分裂，"坐大"了民进党，使国民党的政治资源优势逐渐丧失殆尽，在历次公选中支持率不断下降，终于导致了其在 2000 年"总统"选举中失利，成为了在野党。

（三）"两国论"出笼用心险恶

李登辉上台后，逐步抛弃一个中国政策，并与岛内外"台独"分裂势力沆瀣一气，千方百计地进行分裂活动，直至抛出"两国论"，严重破坏了两岸关系发展，严重阻挠了两岸和平统一进程。

李登辉"两国论"的出笼并非偶然。"两国论"的最终形成，经历了一个由隐蔽到公开的过程，大约经历了四个阶段：

第一阶段，从李登辉开始主政的 1988 年到 1991 年。他在口头上基本延续了蒋经国的一个中国立场，即世界上只有一个中国，"中华民国"是其唯一合法代表。在这个阶段里，表面上李登辉所继承的是蒋经国的大陆政策，而实际上他的政策、言论已处于微妙变动之中，他的真实政策主张正是借助这种变动不断显现出来。只是在这一阶段，李登辉的"分裂、分治"主张仍以"潜台词"形式出现，比较隐蔽。

第二阶段，从 1991 年"修宪"和公布"国统纲领"到 1994 年公布"台湾两岸关系说明书"。在这一阶段，李登辉用"两个对等政治实体"来定位两岸关系，实际上确定了"两个中国"的政策，但在政策宣示上仍表示"中华民国主权"及于全中国，治权仅及台、澎、金、马。国民党在 1991 年 2 月制定的"国家统一纲领"中公开提出两岸"不否定对方为政治实体"，明确改变了"对中国大陆的主权完整"的"基本主张"，并以施政纲领的形式使之"法制化"。1992 年 8 月，"国统会"第 8 次会议通过"关于'一个中国'的含义"，明确提出"中国处于暂时分裂之状态，由两个政治实体，分治海峡两岸"，这是从原来既定的"中国只有一个"的立场大步后退。到 1994 年 7 月，台湾当局公布"台海两岸关系说明书"时，则明文放弃在法律意义上的"一个中国"的主张，这标志着台湾当局对"一个中国"原则的根本性背弃。

第三阶段，从 1994 年到 1999 年 7 月 9 日之前。李登辉将一个中国定位为"历史、文化、血缘"的中国，否定其法律地位，把"一个中国"定位为"1949 年以前和未来统一后的中国"，执行所谓"阶段性两个中国"政策，但仍遮遮掩掩，有人称之为"隐性台独"。在这个阶段中，国民党当局认为在两岸关系上，"双方既不属于国与国间的关系，也有别于一般单纯的国内事务"。在这里，两岸关系已被定位为"两个中国"，只不过是为遮人耳目，采用了"既非国与国，也非单纯国内"的含糊表述。

第四阶段，从1999年7月9日至2000年初。李登辉在1999年7月9日接受"德国之声"电台记者专访时公然宣称，已将"两岸关系定位在国家与国家，至少是特殊的国与国的关系"。至此，李登辉完全撕下过去的所谓"制造性模糊"的伪装，把他实际上推行的"两个中国"和"一中一台"的政策和盘托出在世人面前。

李登辉抛出"两国论"，绝非一时的即兴之作，而是一个精心策划的分裂行动，具有其险恶的政治图谋。一是企图影响和操纵台湾当局的政策走向。2000年台湾地区领导人改选在即，李登辉自知在位时日不多，为使自己的政治路线能传接下去，为日后的台湾当局领导人立下"政策规范"，以期能延续"没有李登辉的李登辉路线"；二是企图把台湾问题国际化，挟持西方"拒统谋独"。1999年初以来，国际形势发生错综复杂的变化。李登辉错误地估计形势，以为有机可乘，于是呼应国际反华势力掀起反华声浪，否定一个中国原则；三是企图从根本上破坏两岸对话谈判取得的成果。1998年10月，辜振甫的大陆之旅达成的共识，1999年3月进一步达成汪道涵访台的共识。李登辉不愿看见两岸关系发展的这种态势，更不愿意看到两岸政治对话取得实质性的进展，企图以"两国论"从根本上阻挠和破坏两岸关系的发展；四是企图抵制"一国两制"方针的示范效应。自1997年以来，中国政府相继对香港、澳门恢复行使主权后，成功地实践了"一国两制"。李登辉企图以抛出"两国论"来抵制"一国两制"，阻挡祖国统一大业的前进步伐，对两岸关系造成的伤害至今仍难以弥合。

事实上，由于"李登辉的背离"，使得台湾的政治转型被严重异化。多年来的"统独话题"、"蓝绿之争"被演绎成为"民主选举"的核心内容之一。加上，李登辉及后来的陈水扁等"以台独绑架民意"，"以民粹绑架民主"，其实已经让"台湾民主"背离了"思和平、盼发展"的主流民意，这样的"民主"已经蜕变为政客手中的"玩物"，实在是对"民主"本意的绑架与亵渎。

五、"普力夺"特征与政治动荡

2012台湾"大选"前，民进党前"立委"郭正亮撰写《台选举"终极绝招"令人惊惧》一文，对台湾"二合一"选举深表担忧。纵观台湾历次选举，每至选举前夜，候选人总会担心对手使出绝招，造成选情突变。尤其在最后一刻选情紧绷时，更容易节外生枝，出现"终极绝招"，让人猝不及防。2004年"总统"选举，"终极绝招"竟然走上暴力路线，出现候选人遭枪击的戏剧一幕，其真象尚无定论。2010年"五都"选举的连胜文枪击案，同样令人难以置信。枪击案重创了"台湾民主"的信心，整个台湾社会无不以之为"台湾民主"的耻辱。庆幸的是，"终极绝招"终于未在2012"二合一"选举中继续上演。不过，台湾选举的"终极绝招"的忧虑并没有消失。这样的"终极绝招"在以后的选举中随时都可能会出现，而这种"民主社会"的运行代价实在太大。台湾选举甚至一而再、再而三地上演暴力连续剧，原因究竟出在哪？我们或许可以从亨廷顿的政治转型"普力夺"理论中找到答案。

（一）台湾政治转型中的"普力夺"特征

在分析台湾民主政治生态"普力夺"特征之前，我们不妨先品味《吕氏春秋》中关于"众人逐兔"的乱世图。

> 慎子曰："今一兔走，百人逐之。非一兔足为百人分也，由未定。由未定，尧且屈力，而况众人乎积兔满市，行者不顾。非不欲兔也，分已定矣。"
>
> ——《吕氏春秋·审分览》

"无主之兔"定律可以给我们这样的启发与联想：在威权政体统治时期，公共权力基本由特定政治集团或少数精英垄断，绝不容许他人染指，那是"有主之兔"，不容他人"力夺"。而到了它向多元民主转型时，公共权力从威权统治者手中释放出来，成为理论上人人均可得之的"无主之兔"，于是就出现了人人竞相逐之、"普力夺之"的乱局。

多元民主转型中这种对公共权力竞相追逐的状况类似于"普力夺"社会。"普力夺"社会，实际上就是体现了多元政治主体或政治力量之间基于自身利益的政治博弈。

亨廷顿在《变化社会中的政治秩序》一书中指出，在政治现代化过程中，各种政治力量，如军队、学生、工人、暴民、官员等都急剧地参与到政治中来，从而引发政治的不稳，这种状态称为"普力夺"。"在制度化程度低而参与程度高的政治体制内，社会力量借助它们各自的方式直接在政治领域里进行活动，称这样的政治体制为普力夺（praetorian）是恰当的。"

"普力夺"特征在政治转型中的台湾地区表现得淋漓尽致。台湾地区政治博弈常常是无序、混乱且有对抗性，台湾政党政治常常表现为派系争斗、民粹异化、群族仇恨，一片"普力夺之"的乱象，始终贯穿于台湾的民主进程中。

1. 派系争斗

蒋经国去世后，当时的"国防部长"郑为元、参谋总长郝柏村第一时间致电李登辉，表达军方效忠，从而大大缓解了李登辉面临的权力继承危机。但是，郝柏村等军方将领也深知，李登辉没有军政资历，主政后仍会将统帅权交由他们，他们仍可以向李登辉施加影响。这是郝柏村们的如意算盘。然而，李登辉心中也有一个算盘，李登辉的算盘一拨啦，就知道这些威望高、掌实权的军方大佬日后终将成为他建立自己统治权威的一大障碍。于是，为了掌控党、政、军大权，李登辉紧锣密鼓对军政系统人事进行大幅调整。国民党"十三全会"之后，李登辉调任郝柏村当"国防部长"，后又改调其任"行政院长"，逐步剥离其军事统帅权。这期间，郝柏村也不是一直服服帖帖，无所作为的。郝柏村曾经准备与李焕等人串连"倒李"，只不过李登辉早已获得风声，在得知一场"政变"正在酝酿后，李登辉当晚把郑为元、陈荣龄叫到官邸，探询军中有无听到风吹草动，并下令军队"明天不论发生什么事，部队都不能出问题。"这样，一场"政变"也就没有发生。不过，这没有发生的"政变"，使得李登辉逐步认识到：要对付体制内的保守派或"外省籍元老派"，就需要借助体制外的民众力量，以历史上积淀的省籍矛盾为幌子，煽动台湾人来对抗体制内的"外省籍元老派"。正是因为李登辉有意煽起派系争斗，特别是在20世纪90年代初的政治权力博杀中，"派系斗争"又与民粹主义搅和在一起，备受李登辉青睐。这样，就使得本来就是台湾一大顽疾的"派系斗争"更趋激化，在台湾社会弥漫开来。

2. 民粹异化

台湾的民粹主义是政治争斗的副产品，是政治利益博弈的产物。早期的台湾民粹主义是对国民党威权政体的反抗，包含着民主的合理内核。但在政治人物的操弄下，台湾民粹主义发生了微妙的变化，反专制变成了反对外省人，反国民党变成了反对"中华民国"。民进党为赢得占人口80%的"本省人"的选票，将"台独"政治主张粉饰为"民主化"、"本土化"，把民进党装扮成"爱台湾"的本土党，把国民党称为"卖台湾"的外来党，通过强化悲情回忆、挑起省籍矛盾和族群冲突，获得民粹多数，以此达到夺取权力、控制权力的目的。随着政治的多元化和利益的分殊化，台湾民粹主义已经沦为政治人物获得政治利益的廉价工具。

20世纪80年代末，台湾的威权政体正式向"民主政体"过渡。由于公正的游戏规则尚未建立或达成共识，各种政治团体、政治派别、政治人物为了获得权力，可谓"八仙过海，各显神通"，当对稀缺"资源"的争夺进入白热化时，一些政治人物为了获得权力而不择手段，为了选举他们忘却了恐惧和廉耻，利用电视、电台、报纸、杂志、文宣资料及造势活动，进行造谣抹黑、栽赃陷害、恶意中伤，甚至大打出手。民粹主义已成为台湾政坛的一大乱源，已成为一些政治人物获取利益的一种工具，民主制度化也就备受质疑。

在民粹主义的乱象中，激情的亢奋取代了理性的说理，族群议题取代了公共政策议题，成为备受关注的焦点。许多政治人物虽然表面上高喊"天下为公"，但政治文化中的潜规则却是私性政治，不问正义，只求利益；不问青红皂白，只看是否异己。导致了许多台湾选民也不问是非，不管政党的公共政策是否合理，只关心哪个党派、哪个候选人，是自己人，还是外人。好像实现了族群认同，所有的利益就可以得到满足、所有的问题都可以解决似的。利益与认同问题捆绑在一起，结果就是公共利益被淡化，公共理性被忽视。以李登辉、陈水扁为首的政治人物是民粹主义的主要推动者，他们直接诉诸占人口多数的本省人，以所谓民意来挟持其他政治力量，利用省籍问题煽动选民的情绪，激化了省籍矛盾和族群冲突，造成了台湾社会的泛政治化和严重对抗，形成了台湾的"普力夺"式的"政治乱象"。

3. 族群仇恨

族群仇恨，甚至是族群撕裂，是民粹主义恶性膨胀所孕育的恶果，也是台湾一种颇典型的"普力夺"政治形态。自1945年国民党政府接管台湾以来，在很长的一段时期里面，"中央"一级的党、政、军主要职位均被占人口少数的外省籍精英所把持，而占人口多数的本省人则只是在省以下地方政权和民意机构中占有多数席位。这种在政治资源分配上的省籍歧视，以及"2·28事件"这一历史悲剧所造成的本省人和外省人之间的隔阂与对立，"使省籍矛盾"转化为所谓"族群撕裂"。南部地区"肚子扁扁，也要选阿扁"，就很能说明族群撕裂对于民进党取得票源优势的重要性。时至今日，民进党依然会不失时机地改换面目地沿用"悲情动员，族群撕裂，民粹多数"之战略，继续强化本省与外省人的"敌对意识"。从历次选战来看，悲情、族群、民粹，可谓是民进党的三个制胜法宝。

造成台湾民主化过程中的族群撕裂现象，还有另一个重要原因：民进党在威权政体下推进民主，本身就带有相当浓厚的受压迫族群的"悲情性"。正如一位台湾学者所言，"台湾民主源于仇恨、恐惧、不安全感与敌意。"这种以"族群仇恨"为基础的选战聚合力,固然有利于民进党迅速发展为强大的反对党,某种意义上也人为地加快了台湾民主发展的速度,但威权政治下积累的仇恨与恐惧,一旦被民进党利用来作为竞争选票的资本,又反过来导致民主发展的畸变。

由此可见,这种以族群仇恨为基础的"民主",鼓励的不是社会成员之间的和谐相处,而是一部分人对另一部分人的压迫,使一部分人在这种民主旗号下成为优越者,另一部分人被迫承受"原罪感"与被压迫感。民进党是以把"原罪"强加于外省人的方式,来实现其权力享有,这是对民主宽容妥协精神的扭曲,甚至蜕化为民主招牌下的"族群专制"。尤为可怕的是,这种族群动员会使政客像吸食鸦片一样上瘾。品尝过权力滋味的人们,为了保持既得权力,他们可以不择手段地在民主选举中进行"超限战"。因为一方的非理性必然激发另一方同样的非理性。人们曾对台湾地区民主抱有良好期待,然而,台湾民主现状却不能不招致深深忧虑。

(二)克里斯玛光环褪后的政治动荡

"普力夺"特征在政治转型中凸显或加剧,往往是与"克里斯玛光环的褪去"有关的,台湾的"普力夺"现象出现似乎也不例外。

"克里斯玛"(charisma)是现代政治学的一个语汇,原指因蒙受神恩而被赋予的天赋,是指古代宗教先知,战争英雄。"克里斯玛光环"是建立在领袖气质、非凡的个人魅力、英雄伟业的基础上,意指威权环境下政治领袖在政治生活中的绝对号召力和影响力。蒋经国曾担任国民党当局最高领导人13年(1975—1988),他对国民党政策的演变、台湾经济的增长以及政治民主化的开启,都发挥过重大影响。可以说,在蒋经国执政的13年里,其头顶始终闪耀着一种威权式的"克里斯玛光环"。

"蒋经国,台湾想念你!"近年来,台湾岛内不断掀起怀念蒋经国的热潮。当然,蒋经国这样"政治强人"去世后,台湾怀念热潮的迭起,肯定不仅仅是民众简单迷恋"克里斯玛光环",而更是因为"克里斯玛光环的褪去"已经导致了主义的迷失，以及政权更迭、政治转型中出现的"普力夺"现象，进而引发政治动荡。台湾民主政治何去何从？似乎一切皆是不确定的。这就使得人们对过去"安定"、"稳定"思念不已，怀旧情绪就转为对蒋经国的怀念。

很显然，让蒋经国始料未及的是，在其去世的几年后，"民进党"成为"普力夺"的主力军时，很快撕下民主的伪装，将"台湾独立"写进了党纲；更没料到的是，李登辉在出任台湾地区领导人之后，借着政治开放的名义，最终与"台独"势力同流合污，背弃了蒋经国政治开放中的反"台独"根本精神。陈水扁继任后更是变本加厉，把台湾社会搞得是乱糟糟，贪腐与恶斗是有过之而不及。于是，与"统独争议"、"蓝绿纷争"伴生而来的必然是台湾社会的政治动荡。具体表现为不确定性、民主异化、权力博弈和黑金政治。

1. 不确定性

正如爱德华·纽曼等编的《变动中的民主》一书所言："当一个社会从一种政体转变为另一种政体时，最初它会经历一个相当不确定的时期，倒退到以往的可能性依然存在，行动者努力导向的目的地仍不明朗。"世界上出现的三波民主化浪潮也从另一视角作了实践性诠释：不可奢望民主转型呈现直线式发展，从威权政体到民主政体要经过一些反复。所以，台湾地区在民主化进程中出现"李登辉背离"、"陈水扁现象"，不值得大惊小怪。

对此，亨廷顿有过经典论述："从自由化的威权主义出发的转型既可能前进也可能后退。有限的公开可能会增加人们对进一步变革的期望，而这种进一步的变革又可能导致不稳定、动乱、甚至暴力。"在亨廷顿看来，各种政治党派和政治团体在民主政治转型中，都会心怀鬼胎，腰中别着算盘进行合纵连横、勾心斗角，在对民主化的不同立场和态度之上，各派系、团体的面孔展露无余。

在台湾政治转型进程中正是这样，种种政治派别既有共同的利益追求，又各怀私心、暗地较劲。台湾政客为追求政治利益最大化，往往不会顾及由此带来的社会动荡。从某种程度而言，政治转型的过程就是他们的一种利益博弈、利益整合的过程，不同政治派别的权力之争和利益之争都可能令政治转型面临诸多风险。台湾多元民主政治转型面临的这一种不确定性，特别是主导政治转型的"政治强人"蒋经国的去世，更给台湾地区政治转型增添了诸多变量。蒋经国在晚年志高力竭，虽有推动多元民主政治之决心，但操办人李登辉玩的却是暗渡陈仓，与蒋经国的初衷南辕北辙，使得"乱象更乱"。

2. 民主异化

台湾的多元民主政治从一开始就存在巨大的隐患，在国外敌对势力、岛内"台独"势力的共同操控下，逐渐发生异化和扭曲，严重偏离了民主政治的发展轨道。所谓民主，不是一个抽象的名词，不论是国家层面的民主，还是社会层面的民主，其蕴含的根本道理都是一致的，是在大家都认可的规则下，由公众共同参与决策，共同分享利益，共同追求人间的正义与繁荣，共同向往美好的生活。

西方民主体制的基本社会功能是解决"权利"和"权力"关系问题，即限制社会的公共权力，保护个人权利。这个"权利"与"权力"的关系问题，是当代西方民主的主题。西方一些民主国家，朝野政党竞争主要体现在公共政策和施政方式方法上，其前提是对国家社会制度和法律的认同。台湾地区则不然，"台独"分裂势力为了占据威权政体转型后留下的权力真空，不断挑起"统独争议"，转移台湾民主政治的主题，造成社会的重大分歧和对立。

台湾"民主"化的过程是政治权利重新分配的过程，实际上也是本土化的过程，但本土化又演变成台湾社会的认同危机，民主之争变成了"统独"之争，变成了最根本的利益之争。"台独"势力导致台湾"民主"的倒退和变质，突出地表现在：一是扩大了"国家认同"分裂的危机。在台湾地区，"国家认同"的分裂严重侵蚀了民主政治发展的前提。台湾地区的"国家认同"与族群分野密切相关，加剧族群冲突的因素必然会在"国家认同"上产生影响。二是降低了行政效率。由于各主要政治力量在"国家认同"上无法相融，甚至相互敌视，公共政策往往沦为他们非理性争斗的主要领域。"台独"分裂势力不断挑起"统独争议"，拒不承认"九二共识"，严重侵蚀民主政治发展的基础，使朝野政党很难通过协商一致的方式就两岸关系进行沟通与协调。岛内政党在公共政策攻防中，理性问政少，恶意反对多。朝野政党间，少的是沟通、协商、合作，多的是攻击、仇恨、对决。由此导致了台湾社会行政效率低下及社会裂痕进一步加深。三是加深了社会的仇恨。"台独"分裂势力蓄意激化省籍与族群矛盾，煽动民粹，制造仇恨，使台湾社会陷入长期的省籍大战、族群大战、"统独"大战之中。"台独"是造成社会仇恨的根源和祸首。"台独"不除，台湾就不会有族群和谐，就不能实现"和解共处"。台湾一些政客故意曲解民主政治和选举，把民主等同于选举，把选举简化为选票，把选票结果作为多数暴力的依据，作为不择手段获得选举胜利的借口，进一步践踏了民主的精神实质。

3. 权力博弈

当"政治强人"蒋经国去世后，国民党党内党外的各路改革派、保守派、军方等，都围绕着最高权位展开权力竞争和政治博弈，各种各类的社会运动与抗议行动在戒严法既废、强人已死之下蜂起全岛。不仅有民进党这个新兴反对党对威权体制所释放出来的政治资源的争夺，而且还有国民党内部的各个政治派系在转型初期相互倾轧。国民党早期的权力竞争与政治博弈主要是在李登辉、李焕、俞国华、郝柏村等人之间展开。

令人遗憾的是，李登辉即位后并没有像他自己宣称的那样"继承经国先生遗志，践行三民主义"，而是开始有计划地清除异己，巩固自身权力地位。同时，李焕、郝柏村等党内元老亦不希望后来居上的本省籍代表人物李登辉从此登上权力顶峰，于是，以第八届"总统"选举为契机，双方在"民主选举"、"参选竞争"的旗号下，展开了激烈的权力斗争。

1990 年 2 月，国民党召开第十三届临时中央全会，讨论新一届正、副"总统"提名，以李登辉为首的"主流派"提出由李登辉和"总统府秘书长"李元簇组成"双李配"搭档参选，而以李焕、郝柏村为首的"非主流派"则要求由本省籍大佬林洋港搭档陈履安参选正、副"总统"。最后主流派意见获得通过，"双李配"成为国民党正、副"总统"候选人。但"非主流派"仍不放弃，他们又试图通过"国大代表"联署的方式提名林洋港、蒋纬国参选，但在李登辉的强力阻扰下，"林蒋配"亦宣告破局。最终"双李配"在第八届"总统"选举中高票当选，李登辉的权力得到进一步巩固。此后，李登辉又通过一系列政治手段，进一步打压"非主流派"。

李登辉当选第 8 任"总统"后，立即宣布改组任期还不到一年的"李焕内阁"，这一举动引起了"非主流派"的强烈反弹。时任"立法院长"梁肃戎出面邀请李焕、林洋港、郝柏村等"非主流派"大佬餐叙，借此向李登辉表态支持李焕。李登辉见"非主流派"反对意志过强，于是故伎重施，决定利用"非主流派"打击"非主流派"。在 5 月 20 日宣誓就职时，宣布任命他内心极为反感的郝柏村出任"行政院长"，李焕开始逐渐离开权力中心。此后，李登辉又通过暗中部署，逼迫郝柏村下台。1993 年 2 月 4 日，郝柏村率"内阁"总辞职，"连战内阁"正式登场。自此，蒋经国去世后，国民党内"主流派"与"非主流派"的权力斗争以"非主流派"的失败而告终。遗憾的是，台湾地区党派斗争并未终止，不管是陈水扁还是蔡英文，他们自从接过李登辉的衣钵后，台湾社会就陷入了永不消停的折腾状态……

4. 黑金政治

台湾"民主"催生的黑金政治，既是台湾政治转型中"普力夺"的必然产物，也是一种"普力夺"现象，是另一些阶层、另一些势力参与争夺政治权力的表现与途径。

黑金对台湾的基层选举影响巨大，调查显示，在台湾 309 个乡镇（市）中，有黑道介入的超过 80%，有些乡镇（市）中，黑道代表占 60%

以上。黑金政治衍生出许多弊案，是国民党丧失民心、丢失政权的主要原因之一。1987年解除"戒严"以后，黑金政治除了买票、贿选等形式之外，又衍生出其他公开、合法的形式参与选举，形成金钱、黑道与政治的利益共生结构。2000年，以"反黑金"为幌子上台的民进党，不但很快走上了黑金政治的老路，反而更加贪腐与无耻。从现实看，台湾各种选举频繁，竞争激烈，选举的成本费用很高，一般的政客通过合法渠道获得的经费有限，不得不求助于一些财大气粗的黑社会组织；从渠道上看，基层的民主选举受到地方派系势力、乡村权力结构以及农村社会特点的影响，黑道势力能够更轻易地实现贿选，操控选举。

　　黑金政治对民主基石的侵蚀，首先表现为腐败贪污现象难以根治，使民主变质。国际透明组织曾指出，黑金政治表现在地方势力和政府官员在政府采购案上勾结，选举买票行为普遍，候选人甚至对选民作不当的选后承诺等，这使台湾当局打击贪污腐败的成效大打折扣。其次，是使得执政当局的公信力严重下降。台湾的行政和司法系统的人事安排、预算决策等都受到选举结果的影响，一些大财团、大资本家为了自身的利益，亲自或寻找代理人参加地方或"中央"级民意机关的选举，当选后便通过影响政策制定、措施安排等为资方谋取利益，从而损害执政当局的自主性和权力的公信度。第三，是涉黑暴力事件频繁发生，社会治安危机不断。譬如，前屏东县议长郑太吉率众杀人，高雄议长吴鹤松被杀，前民进党屏东县党部主委徐炳丰贩毒，身为"立法院"司法委员会召集人的"立委"罗福助殴打他人被判刑，等等，无不直观地说明，黑道势力显然已成为危及台湾地区社会稳定的隐患。

　　总而言之，从民主化的角度来看，一个新兴民主社会出现政党轮替现象是很正常的，民主竞争体制本来就蕴涵了政党轮流执政的可能性，但是，像台湾国民党这样，在推动政治体制改革时，承受那么多的风险性和不可预知性，却是不多见的。

　　台湾国民党在20世纪80年代主动回应政治改革压力，本可以有效掌握改革的进程与幅度，建立起支配性一党体制，长期享有民主改革的政治成果。但由于国民党内缺乏民主竞争机制，加之李登辉在"国家认同"上的一意孤行和党外力量介入党内冲突，国民党内部的分裂就无法避免了。国民党的内部分裂对于其内部凝聚力与选举动员实力均构成严重的损伤，而且一次比一次严重，最终导致在 2000 年台湾地区领导人大选中的挫败，那么快就失却了执政权，颇让人喟叹！这一结局并不是民主化转型的必然选项，个中原因值得国民党深思。

自然，台湾各党派也应该深思，伴随"泛西方民主化"的"第三波"浪潮的衰退，民主并未消亡，民主是要推进的，关键是如何推进？台湾地区的民主要如何走自己的路？如何防止"民主的异化"，防止"民主劣质化"？这些都是摆在各政治势力、各党派面前的重大课题，回避不得。

第二章　美日因素、依附政治与"务实外交"中的"民主牌"

一、马英九在感谢谁?

2012 年台湾"大选"尘埃落定,胜选的马英九与台上诸位同仁牵手,向台下做了一个整整十秒钟的经典的"九十度鞠躬"。他们,在感谢谁呢?

马英九表示,这不是他个人的胜利,而是台湾人民的胜利,是追求清廉、繁荣、和平的路线的胜利。马英九说,这一次之所以能够连任,是因为人民肯定开放松绑,振兴经济的努力;肯定搁置争议,争取两岸和平,把危机转移成商机的机会;肯定他采取正确、正派、有序活络的"外交"……是的,马英九连任成功的原因是多方面的,有经济的因素,两岸关系的因素,还有"外交"因素,特别是美国因素、日本因素等,正如学者宋鲁郑所言,此次"大选"与其说是"九二共识"战胜"台湾共识",理性战胜激情,还毋宁说大陆经济牌和美国政治牌这两强"钦定""大选"的结果。

众所周知,台湾民主政治的确好像一架战机依托在美国这艘航空母舰之上,对美国发出的一系列信号相当重视,在安全和国际空间上严重依赖美国。美国出于全球战略考虑,一个平衡稳定的两岸关系最符合其自身国家利益。于是自台湾进入"大选"季节以后,美国不断释放支持马英九的信号，接连派高官访问台湾，影响"大选"。

2011年9月14日，美国商务部助理部长库马尔访台，他是2006年之后美国访台最高阶官员。在"大选"还有一个月的时候，美国又派遣国际开发总署署长沙赫赴台访问，他的官阶相当于副国务卿，又高于库马尔，并会见了马英九。在距投票还有半个月的时候，美国又宣布将台湾列入免签证"候选国"。在距选举只有一周的时候，即2012年1月6日，台"国安"会议发布新闻稿指出，针对美国总统奥巴马发表的"国防战略指导文件"，"美国在台协会"官员已向台"国安会"简报。在国际上通常双方互相简报，都不对外说明。所以此举显然凸显了美对马英九当局之信任。更有甚者，在距选举只有3天的时候，前"在台协会"处长包道格还亲自赴台观摩选举，公开表示马英九获胜将使美国"松一口气"。

其实，任何国家和社会都无法避免外界的干预和影响，但能否不为外力所左右，却是衡量其是否成熟的重要标准。2004年美国大选，民主党候选人约翰·克里得到了全球几乎一边倒的支持，甚至最后关头，本·拉登也突然现身，试图影响美国大选，但结果仍然是小布什连任。而今天的台湾，距这一步显然还非常遥远。

正如学者所言，台湾这种输入型民主政治，"仅仅作些体制上的修改或者在精英层次上玩弄花招，是终究实现不了民主的。"台湾政治的转型，不是台湾内部孤立的政治变革，而是岛内外各种因素相互结合形成的产物，其中岛外因素主要包括大陆、美、日等。

二、台湾"民主化"进程中的美国因素

不言而喻，"二战"之后，台湾是美国影响最深的地区之一，"美国因素"是研究台湾社会永远也躲不开的一个关键词，它非但影响了台湾的政治民主化，同时也深刻地左右了台湾的地区安全，乃至于它与大陆之间的政治经济关系。

正是在美国的推动下，台湾地区完成了所谓的"民主转型"。所以，从本质上，台湾地区的民主政治是在美国压力之下强加进来、不得不为的结果，也可以说是一种被美国"植入"，且"依附"于美国的"民主"。那么，美国为什么要这么做呢？显而易见，美国施压和扶持台湾实现"民主化"转型，更多的是为了其"和平演变"中国大陆的目的。换言之，美国之所以不遗余力地推动台湾的民主进程，并不在于美国对这"小小台湾"应该如何发展真的那么的关心与用心，其真实意图在于台湾可以作为"和平演变"中国大陆的跳板与前沿。美国朝野曾经有过的几次关于"弃台"与"保台"的争议，无不出于其"和平演变中国"和"钳制中国"的战略考量而继续支持台湾。因此说，台湾的这种"民主政治"，又是一种"功利性"民主，是为美国所用的"民主"。

（一）美国对台湾的战略定位

回顾台湾的政治发展与民主化历程，从冷战时期蒋介石与蒋经国的威权统治时代，到后冷战时期李登辉的政治转型时代，再到 2000 年后的政党轮替时代，美国在每一个阶段里皆扮演着关键性的角色。但是在这些不同时代中，美国对台湾民主化进程中的若干议题却有着不一致的态度。整体而言，美国对威权统治时期的台湾民主运动是同情、支持并且鼓励的；对"民主化"启动后的政治改革基本上也是支持、鼓励的。然而当民主化推动下的政治议题碰触到"台湾主权"争议（如 1993 年开始提出的"参与联合国"议题，1997 年开始推动的"参与世界卫生组织"，1999 年的"特殊两国论"等），或是牵动到"台湾独立"问题的时候（如 2004 年的"防御性公投"及 2008 年的"入联公投"），美国的态度则转趋保留，采取不支持，甚至是反对的立场。

由此可见，美国在全球推动民主的发展有其局限性与双重标准，是基于现实主义的国家利益与理想主义的民主价值相权衡之结果，也是其对"亚太战略"中台湾战略地位的考量。

1.置台湾于亚太战略前哨

在美国国际战略棋盘上，台湾时常被当作一个棋子。这个棋子如何摆布，美国决策天平上的砝码必然倾向自身的国家利益。在不同阶段，由于战略环境的变化，美国对台湾的战略目标、战略手段也都有所变化。但在这些变化中也存在着一定的连续性，存在一些不变的部分。透过美台之间那些"变与不变"的战略关系，我们可以观察到台湾作为美国在西太平洋地区战略资产的价值。

冷战前期，西太平洋的战略格局是中苏同盟与美国的亚洲盟友体系对抗。在这种力量格局下，美国的最高目标是防止苏联侵入太平洋，危及美国的生存和战略利益，而台湾的战略地理位置，使其被视为美国"极端重要的国家利益"。冷战终结后，亚太地区主要力量关系的消长以及大国关系的重新定位，使台湾的战略重要性自20世纪80年代的短暂消沉后，再次"浮出水面"，再次得到美国的确认。主要原因是，控制台湾符合美国遏制、防范中国（危及美国在亚太的霸主地位）的战略，有助于美国钳制与延缓中国的崛起。台湾因此被列入美国的权力目标之中，最主要的价值就在于体现于美国在台海权力目标的新收益。

同时，对美国而言，台湾显然不止是其亚太战略的一枚棋子，而且是其全球战略的一枚棋子。美国除了在地缘政治上实施"以台制华"策略，为其亚太战略服务，达到遏制中国"和平崛起"的目的之外，还企图最大限度地挖掘台湾"民主"价值，把台湾"民主"模式在其他国家与地区进行复制或仿效，推进和实施美国的"民主输出"战略。正如美国著名学者鲍大可指出的那样，美国在台湾不仅有军事安全利益，还有"重要的政治和道德利益"。

2.梦想中的西式"民主"灯塔

二战结束后，随着实力的增强，美国更多地从理想主义目标和价值观念出发思考和制定美国的全球战略，同时对其他国家的理想和价值观念做出反应。美国认为，保卫美国在内的"自由世界"是一项全球"任务"，世界上任何地方反对共产主义的斗争都关系到美国的国家利益。在亚洲，共产党领导的中国、朝鲜、越南革命政权是对美国理想、价值观念的一种"威胁"，美国不能袖手旁观，必须进行干涉，必要时动用美国军队，以阻止"共产主义在亚洲的扩张"。美国的对华政策、对台政策就是在这种思想指导下制定的。

美国把台湾作为推进和实施美国的"民主输出"战略的一个"最为重要而务实"的步骤，就是企图以台湾为立足点，让台湾的"民主"、"自由"之光照向中国大陆。美国国家安全委员会 1953 年 4 月关于远东政策的一份文件曾明确宣布：美国在远东面临的中心问题是中国的共产党政权对美国和"自由世界"所造成的威胁，"因此美国远东政策的基本目标必须是促使中国发生变化，这种变化就是消除其对自由世界的安全的威胁。"为此，美国加紧围堵和孤立中国，并胁迫有关国家对社会主义中国实行严格的封锁和禁运，极力拼凑反共军事条约体系，还力图发挥台湾的"民主桥头堡"作用，达到迫使共产党在大陆垮台、颠覆社会主义政权的目的。其后，美国一直坚持这一方针。上世纪 60 年代，肯尼迪和约翰逊政府继续强调美国的理想、价值观念在美国对外关系中的重要意义以及美国建立"新世界"的使命感。在处理与台海两岸关系时，美国政府仍然坚持过去的对台、对华政策。1963 年 12 月远东事务助理国务卿西尔斯曼发表演说宣称，美国决心对中国大陆改变的可能性敞开门户。他强调指出："我们相信，在决心准备谈判的同时，坚定有力的政策将会最终有效地促进那些在中国大陆必然要发生的转变。"

由上可知，上世纪 50—60 年代，美国的对台政策是在捍卫和推进资本主义民主制度的理想主义精神的指导下，结合美国在亚太地区的战略利益而设计的。这些政策的核心是建立和加强与台湾当局的政治军事关系，把台湾当作在亚洲抵抗"共产主义扩张"的重要环节，并企图通过台湾"民主制度"的示范作用，培育民主精英，搞垮大陆的共产党政权，最终促使中国朝美国所希望的方向演变。从结果来看，美国正是出自其外交传统的理想主义对台政策，使美台关系特别是美台军事关系在上世纪50年代后的20年间不断加强，从而为国民党政权提供了在台湾得以为继的基本条件，造成海峡两岸的分离与对峙。从这一意义上讲，美国在一定程度上实现了对台政策目标，而促使中国"变化"的目的却因为中国人民的坚持斗争而没有得逞。此后，出于对抗苏联的需要，美国被迫大幅度调整对华及对台政策，不过，随着国际形势的演变，尤其是台湾政治气候的变化，美国的理想主义对台政策又以新的形式表现出来。

正是在美国的"帮助"下，台湾被打造成"美国式民主"的亚洲"样板"。对此，美国政治家们津津乐道，他们梦想着，把台湾打造成"足够亮"的西式民主的"灯塔"，以照亮中国大陆。他们鼓吹"台湾民主经验"既可影响大陆改革方向，抵消中国在亚太地区和世界的影响，达到"以台制华"、"和平演变"中国大陆的政治目的，又可以通过与台湾的"政治"合作，让台湾"民主"、"自由"之光照耀整个亚洲，令"共产主义幽灵"在亚洲无处藏身。

（二）美国推动台湾"民主化"发展的历程

纵观半个多世纪来的美国对台政策，可以清楚地看出，美国推动和扶持台湾地区"民主化"进程大致经历以下三个阶段，即20世纪50—60年代"民主改造台湾"的设想从酝酿到最终确立、70—80年代促进台湾"民主化"的努力从付诸实施到逐渐明朗化、90年代以后从政治和军事等方面鼓励和维护台湾的"民主制度"，并试图发挥台湾"民主制度"对中国大陆的样板作用。

1. 威权统治时代

国民党政权退踞台湾的很长一段时间里，在蒋介石、蒋经国父子的统治下，台湾政治上一直处于集权专制状态，属于"威权统治"，这与美国的经济、政治制度不相符，也与美国民主、自由的观念相悖，这就使得美国在很大程度上无法与台湾建立起"正常的"、符合美国习惯的沟通管道。

蒋氏父子的专制统治和不按美国规则行事的做法，还时常破坏美国的设想，以至于美国无法在更大程度上控制和利用台湾。这在一定程度上影响了台湾战略价值的发挥，在美国人看来，这还在很大程度上影响了美国的利益。因此，他们在"弃蒋还是保蒋"问题上，朝野有过多次争议。正因如此，早在1951年5月，美国政府就明确提出要"促使国民党政权进行政治变革"。但在杜鲁门、艾森豪威尔政府任内，由于反共重于一切，虽然美方对国民党一党专政的独裁统治不满，但出于维护台湾当局民心士气的需要，美国并未利用美援作为杠杆，向其施加太大的压力，要求其进行政治改革。"蒋介石政权钳制言论自由、封杀民主政治的举措，华府虽有微词，但未敢大声谴责，在山姆大叔的眼中，反共重于一切，独裁专制尚可容忍。"

进入肯尼迪时期，美国决策层对台湾和国民党当局的定位开始发生变化。一个突出的特征就是，此时决策层中多数人不再认为国民党当局有"反攻大陆"能力，不再能够重回大陆取代共产党的统治，而是认为国民党能保住"台湾不被解放"，偏安台湾就是不错的结果了。所以，他们要努力促使"台海两岸现状不变"，让台湾当局的"偏安状态难以改变"。这样，他们就把塑造一个所谓"政治民主、经济自由"的新台湾，逐步提上议事日程了。1961年10月26日，美国国务院政策规划委员会出台的对华政策研究报告中，在第F章第33条讲述了美国对台湾政治走向的目标。这一条谈到，美国行政当局要"继续运用美国的影响力和援助影响台湾，……适时地推动台湾出现一个以大众支持为基础的政府"。可见，促使台湾实现"民主化"是肯尼迪当局上台时已确立的目标。"民主化"从此成为美国关于台湾岛内演变的重要目标。肯尼迪时期三份主要的国家安全基本政策文件，即1962年3月26日的完整版，1962年8月2日的简化版和1963年3月25日的国防部修改版，都谈到"我们要运用我们的影响力和援助，推动台湾以大众支持为基础的政治进程"。1964年9月11日美国国务院政策规划委员会出台的对台政策报告，更是对台湾"民主化"

的目标进行了详细论述。这份报告一方面谈到对台湾实现"民主化"的期待，另一方面还就美国政府为实现台湾"民主化"之目标可以采取的手段等做出了最详尽的论述与设想。随着这份文件经由国务卿腊斯克的批准而生效，美国把促进台湾"民主化"正式排上政策日程，准备实施。

2. 民主转型阶段

20世纪70年代，随着中美关系的改善，美国的国际战略发生了重大变化，精明而霸道的美国人很快意识到"宁可要一个'民主'、'自由'的台湾影响中国大陆，而不需要一个专制独裁的台湾刺激、对抗大陆"。美国很快调整了相应的对台核心政策，由"支持台湾国民党以武力对抗大陆，转变为支持台湾当局用资本主义的自由化和多元化影响和牵制大陆"。

很显然，一个亲美的独裁的台湾政权已经不再符合美国的亚太战略利益，美国需要的是一个能够体现其民主自由价值观念的样板政权，来显示它在意识形态上对亚太乃至全世界的影响力。而独裁的国民党政权不仅引起了台湾民众对当局的强烈怨恨，也引起了美国越来越强烈的不满意，甚至被认为这破坏了"扶持这个政权"的美国的形象。特别是随着美国对中国大陆的日益明显的战略利益倾斜，美国已无法再继续容忍国民党的集权统治，开始更加剧烈地调整其对台政策，甚至直接施加巨大压力给国民党当局，让当时的国民党当局明确感觉到改变台湾政权的专制独裁性质已经成为美国对台政策的重要目标。

一跨进20世纪80年代，美国更是不断对国民党当局施加压力，敦促其进行政治改革。那个时候，台湾政权想在美国那儿继续得到支持，不被"抛弃"，不坐冷板凳，想要继续获得"山姆大叔"对"保障台湾地区安全"、"繁荣地区经济"的承诺或实惠，"在政治、军事或经济上都必须依赖美国，必须尽力对美国的朝野推销台湾比中国内地更为'自由'、'进步'的形象，因此，迫于美国压力，蒋经国不得不多次宣称要推动台湾的民主化进程。"

3. 民主深化阶段

冷战结束后，前苏联这一战略对手的解体，为美国建立世界新秩序提供了大好机会，也为美国推行"民主、人权"战略，实现"美国治下的民主"提供了千载难逢的大好时机。为了建立"美国民主治下的世界秩序"，后冷战时代美国历届政府都竭力向全世界输出"美国式"的民主，宣扬美国的生活方式和价值观。而台湾作为美国全球战略尤其是亚太战略的重要组成部分，就必然是美国在亚洲推行"民主、人权"战略的重点地区和试验场。美国在台湾推行"民主、人权"战略成功与否，不仅关系到美国外交中"理想主义"目标在台湾的实现程度，也关系到美国在亚洲推行"民主、人权"战略的前途，因而美国对推进台湾的"民主化"进程，几乎不遗余力，特别在蒋经国之后，美国几乎顷尽全力支持亲日也亲美的李登辉"推进"台湾民主进程。

然而，随着台湾"民主化"的发展，一个中、美、台都无可避免的问题随之产生，以李登辉为代表的台湾本土势力借着民主化的幌子，寻求以民意为基础、主张"两个中国"或"一中一台"的政策，具体行动包括："参与联合国"政策的提出（1993 年），台湾举行首次"总统"直选（1996 年），"参与世界卫生组织"政策的提出（1997 年）等等。由于这些议题或间接或直接地冲击"一个中国"、"台海长期不统不独，维持现状"的原则架构，并且极可能危害台湾海峡的安全、和平与稳定，因此美国对此类议题的态度是非常"现实主义"地表示反对或不支持。（参照下面图表）

美国对台湾主要民主化议题的态度及反应

时期	台湾主要的民主化议题	美国的态度			
		支持	不发表评论	不支持但接受	不支持/反对
蒋经国时期（1986-1988）	民进党成立（1986）		√		
	解除"戒严"（1987）	√			
	开放"党禁"（1988）	√			

续表

时期	台湾主要的民主化议题	美国的态度			
		支持	不发表评论	不支持但接受	不支持/反对
李登辉时期（1988-2000）	召开"国是"会议（1990）	√			
	宣告内战终止（1991）	√			
	"国民大会"全面改选（1991）	√			
	"宪政"改革（1991-1997）	√			
	开放黑名单人士返台（1992）	√			
	废除"刑法"第一百条（1992）	√			
	"立法院"全面改选（1992）	√			
	废除"动员戡乱时期临时条款"与警备总部（1992）	√			
	提出参与联合国政策（1993）				√
	李登辉访美（1995）			√	
	第一次"总统"直选（1996）	√			
	提出参与世界卫生组织（1997）				√
	提出"特殊两国论"（1999）				√
陈水扁时期（2000-2008）	主张"台湾中国，一边一国"（2002）				√
	护照封面加注台湾（2003）			√	
	"公民投票""入宪"与"立法"（2003）			√	
	提出制订台湾新"宪法"				√
	第一次"全国公民投票"（2004）			√	
	行政机构与公营事业"正名"			√（内部）	√（外部）
	终止"国家统一纲领"与"国家统一委员会"运作（2006）				√
	第二次"全国公民投票"（"入联公投"）（2007-2008）				√

总之，"美国在台的最主要利益与政治关注——即在台湾出现一个自由、民主政体——有关，而与贸易、投资和文化交流无关。"因此，"在整个冷战时期，美国鼓励台湾沿民主路线演化"。而自 20 世纪 70 年代以来，台湾当局迫于形势开始对政治制度进行改革，使台湾至少从形式上开始逐步向西方民主制度靠近，趋向了美国"霸权稳定论"所预计的目标。自此，塑造一个所谓政治民主、经济自由，并且在价值观念上相仿的新台湾，成了美国进一步发挥台湾作用的重要途径，同时，这也是美国极力促进台湾民主转型的重要原因。

（三）美国因素给台湾"民主观念"带来了什么？

了解了台湾民主是深受美国因素影响的民主，甚至几乎是美国强行植入的民主，就不难知道，台湾地区民主政治的每一步发展都带上美国的烙印，也都体现着美国自身的战略利益和战略目的。美国在植入"民主制度"、"民主形式"与"民主程序"的同时，其实更是植入了其价值观和西方理念，结果这些观念与本土文化一结合，就在台湾这一块"不太成熟的民主土壤"滋生了一些"又中又洋"、"不中不洋"的"怪胎"，以至于产生了许多不仅让东方人不太理解，甚至也让西方人不太理解，让人眼花缭乱的"民主乱象"。

1. 公民意识解放和公民素质提升不能同步

受美国文化中"自由民主"等价值观的影响，台湾社会文化表现出"自我意识"觉醒的特点。政治民主化，使"个体"从政治力与社会力的宰制中解放，从"个体在其自己"到"个体为其自己"。用通俗的话说，谁都可以表达自己，或争取表达自己。

首先，台湾社会中的各个"领域"（如政治领域、经济领域、社会领域、学术领域等）或"社群"（如劳工、农民、知识分子等）的"自我意识"都处于高度觉醒的状态，并且不同的"领域"或"社群"之间，为这种"个体表达"形成了激烈的竞争状态。台湾文化从传统中华文化的"一元论"

向"多元论"转化。

在传统中华文化中，"从属原则"（Principle of Subordination）贯穿于其深层结构，社会的多个主体，如文化主体、经济主体、思想主体均服从于单一主体（政治主体）的支配，一切服从政治的需要。而在当前的台湾政治环境中，政治力虽然在多数场合仍发挥不可忽视的影响力，但是，经济力的发展及其所培育的社会力的蓬勃也日渐显著，都共同促成了一个以"多元主体性"为基础的新社会文化形态的出现。在当前的台湾文化中，除了政治主体之外，社会主体、经济主体、思想主体也具有某种自主性，而且各自处于激烈竞争之状态。可以这样说，近年来台湾社会中政治力对于非政治领域（如经济、社会或学术、文化等部门）的影响力虽然不可忽视，但已日渐式微。譬如，选举中经济因素的影响、选举后因经济风波对执政者产生的不信任，无不体现了经济主体、社会主体影响力的增强，甚至已经足于在某个特定时段、特定领域左右政治的走向。还有，各部门的自主性也在日益提升，例如台湾教育部门越来越要求以人格的培育作为教育的目的，不再是如同过去那样，将以教育作为经济或"国防"教育的"手段"，等等。

其次，多元主体的出现推动了台湾"公民社会"的发展，其表现之一是民众积极参与公共事务。台湾民众开始习惯通过合法的途径，迫使当局必须积极作为，维护人民的合法权益。同时，传媒和民意代表基于提高曝光率及收视率的考虑，也乐于参与类似的行动。

不过，台湾的"公民社会"仍处于局部建构的雏型阶段，距离理想目标还有一段遥远路途。从各方面来讲，台湾社会虽然开始习惯"公民社会"的运作模式，并通过这种模式来维权，以及表达对公共事务的看法与态度。然而，在台湾的这种"一元论"向"多元论"转化中，"乱象"显得特别突出，使得台湾"民主政治"深受垢病。毕竟，"公民意识的解放，犹如水之泻流，需要有适合的河道，有适合的堤岸，否则就可能成为水患，而适合的河道与堤岸，其实主要是公民的民主素质。有公民意识，并有良好的公民的民主素质。"应该说，台湾的民主政治转型，的确碰到这样的问题：公民意识解放了，而公民的民主素质赶不上，这就出现了许多民主参与中的无序与乱象，甚而至于出现无政府主义的滥觞，民主权利的行使方式颇受诟病，台当局的决策力也因此被消解了不少。

2. "功利性"所致的机会主义丛生

美国人对"台独"问题特别敏感，也特别具有"功利性"。一方面，美国要推销"民主、自由"的价值观，支持台湾的民主发展。结果是，在台湾这样一个公民文化和政治意识尚未成熟的地区，民主的理性被民粹主义所劫持。"台独"势力趁机操弄和炒作，"外省人"与"本省人"的分野，"统"与"独"的冲突，长期成为台湾压倒一切的政治议题，"如蔓草丛生，难锄难刈，但可资利用"。另一方面，"台独"意味着战争，激烈"台独"必然造成中美两国的直接军事对抗，这是美国所不愿意看到的，也不符合美国最终的战略需要。在美国人看来，"不统不独"最符合美国的战略利益。所以，比较可行的做法是，既利用"台独"来牵制中国大陆，又要控制在一定的限度内。

美国的这种"功利性"意图对台湾民主政治的影响极深，台湾的政治人物的心理无不被烙上功利主义烙印。于是，与此密切相关的就是在台湾政治文化上表现为极强功利性的政治机会主义。为了选票，台湾政治人物总是关注眼前利益，至于经济、教育、文化、环境、海洋资源的长远规划，由于不能带来当前的选票和权力，就不会成为他们政策的重点。他们要的只是"话题"，不管是"统"是"独"的话题，只要觉得能让他们赢得选票时，他们就抓住机会，投机于其中。

台湾政治机会主义的最主要代表人物是李登辉。他用一句"民之所欲长在我心"解读民主，从此，台湾政治人物对民主政治的理解就是选票决定一切、"迎合选民就是民主"，带来了政治机会主义的滥觞。李登辉的民主化方向带来极大恶果：一是极大地激化台海矛盾，使外部环境急剧恶化；二是扶持特殊利益集团，使岛内企业经营环境急剧恶化，经济效率迅速降低。在严酷的国际竞争中，台湾经济地位迅速下滑。民进党延续并发展了李登辉的政治机会主义，使得台湾民主让人"更难看到前景，而只看到'机会'"。

3. "以美为尊"的民主进程丧失发展独立性

如前所述，台湾地区的民主化进程是按照美国的意愿，在美国的压力下进行的，因而不可避免地深深打上美国的烙印，处处都有美国的影子。也就是说，美国是一个挥之不去的"幽灵"，时时刻刻影响着台湾地区的民主政治。

不仅如此，美国因素的影响已深入到台湾社会的政治、经济、文化等各个领域，使台湾社会弥漫着"崇美、媚美、唯美"的气氛，从而使台湾人在感情和心理上对"美式自由民主"的信仰日渐深刻，不少台湾人甚至直接认同美国政治文化。尤其是当代台湾崛起的一大批政治精英，如李登辉、连战、宋楚瑜、马英九等，大多是20世纪80年代前后返台的留美学生。80年代中后期，这些人成为台湾政界的领导人物，他们对美国的信仰与膜拜推动了"美式民主自由制度"在台湾的传播，久而久之使台湾社会形成了"唯美国是尊"的氛围。在这种情形之下，台湾的政治精英一味沉湎于"政党轮替"的迷思，刻意模仿美国模式，一味照搬美国制度，致使台湾地区丧失了民主发展的独立性。

美国一向标榜支持台湾民主，一直视"台湾民主政治的发展"为其长期支持台湾的关键，而且台湾的民主化程度越深，受到美国支持的程度也就越高。但事实上，台湾越是得到美国的支持，其所谓的民主政治对美国的依附性就越强，从而越缺乏独立性，其实就越难因地制宜地改革和深化民主政治。

那么强行复制美国模式是台湾长远发展之福吗？显然不是。因为台湾政治这种依附西方的特质，最终决定了台湾终究摆脱不了充当美国战略棋局中一颗棋子的命运。美国强行按照自己的意志推动台湾地区的民主化进程，并企图借助"改造出一个民主的台湾"作为演变中国大陆的主要途径，这无疑"把台湾当枪使"，是台湾社会之大不幸。如果台湾甘愿继续依附于美国，竭力显示其在美国"以台变华"战略中的特殊重要性，除加剧两岸关系紧张之外，绝不会有利于其所谓"民主政治"的提升。相反，台湾民众如果认清美国的真实意图，并极力摆脱对美国的依赖和抵消美国的控制，必将有助于发展具有自己本身特色的民主政治，也将给两岸关系的和平发展带来福音。

三、台湾"民主化"进程中的日本因素

台湾在政治转型中除内部因素、美国因素外，日本因素亦不容忽视。

台湾对于美国来说，主要意义在于牵制和遏制中国，美国自身的重大战略利益并不倚赖台湾。而台湾对于日本来说，情况就不一样了，台湾对于日本具有多重战略意义。从战略高度看，台湾对日本的重要性超过美国，日本把台湾视为其安全的最后生命线。在他们看来，中国大陆与台湾两岸统一对日本的"危害"，远超过对美国的"危害"。因此，日本其实比美国更不愿意看到两岸统一，两岸的"不统不独"算是他们一个长期战略目标，而一旦可能的话，日本显然更愿意促使"台独"。

几十年来，日本右翼势力的"台湾情结"与"台独"分子的"日本情结"总是遥相呼应。在日本右翼势力看来，阻止中国"威胁"日本、维护日本战略利益的最有效的手段是打"台湾牌"。而台湾的"台独"分子也心领神会地倚靠和依附日本，甚至把日本作为其大本营和后方基地。

（一）日本对台湾的战略考量

台海安全不单纯是大陆安全或台湾安全，而是大陆和台湾共同的安全。在台海安全问题上，中国大陆和台湾地区无疑是两个最直接、最主要的行为体，美国则被公认为是阻挠中国统一的最大外部因素。而且，除了中、美、台三方以外，日本、东南亚国家、俄罗斯等国家对台海安全也很关注，尤其是日本对台海安全的"关注度"、"渗入度"并不逊于美国，只是没有美国"高调",多数时候只是扮演着"美国的副手"的特殊角色。

那么,什么是"台海安全"?显然各方有不同的解读。中国大陆认为,台海安全从本质上说是中国国家统一安全的一部分,是中国国家整体安全战略的重要一环;台湾岛内不少政治人物则经常以"台湾安全"来混淆和替代台海安全;而美国人眼中的台海安全则是其全球和亚太安全战略的组成部分。至于日本更是把"台海安全"与其"本土安全"联系起来解读。毕竟中日之间存在着钓鱼岛、东海专属经济区等领土争议,日本担心随着海空军事力量的加强,中国可能会在一些中日有争议的领土问题上采取行动,或者是中国借解决台湾问题之机来收回曾经是中国的领土。日本学者和泉太郎推测说,"保护台湾免于受到中国的侵占,就等于保护日本,万一台湾为中国所占,中国就会把攻势转向钓鱼岛,下一个目标恐怕就是冲绳了"。

正因为这样,所以,长期以来日本对台湾问题表达关注的方式比较间接、低调和隐秘,但日本无论从实力还是影响来说,在台湾问题上一直扮演着不容忽视的角色。因此,必须充分认识到:日本正从"副手"角色逐步转换,越来越抢眼地介入台湾问题,与各方在台海安全上进行博弈,有时甚至成为一个"搅浑水"的角色。

1. 日本"生命线"的战略要地

台湾北接琉球群岛与日本诸岛相望,南连菲律宾群岛与印度尼西亚诸岛为邻,西距中国大陆最近处仅 130 公里,紧扼西太平洋南北交通要冲。对中国来说,台湾西扼祖国大陆东南沿海,东接太平洋深海沟,保有台湾则可以冲出第一岛链,增强在太平洋的影响力。对日本来说,台湾不仅牵动日本亚太政治外交的全域,而且关乎日本的经济安全,在日本的亚太政治和经济战略布局中处于咽喉的战略地位,是日本在亚太地区与中国抗衡的重要筹码。所以,在日本看来,在台湾问题上中国所失即为其所得,中国所得即为其所失。

此外,日本是个太平洋岛国,资源贫乏,对海外市场的依赖度达到

90% 以上，因此日本十分重视其海上的运输线。其中"日本——台湾海峡——中国南海——马六甲海峡——印度洋"这一航线的运输量，占日本对外贸易总额的 50% 以上，日本所需的 50% 的石油和 99% 的铁矿石都是经由这条线路运回日本。因此，台湾扼日本海上航线之要冲，如果中国顺利完成统一，则其"生命线"将控制在中国手中。基于以上考虑，日本一直谋求控制台湾或者竭力将台湾从中国分裂出去，这是日本对台湾的基本战略图谋。

这样说，就不难明白，日本对台湾民主进程的影响，其实比美国更"阴险"，更加倾向于在帮助台湾的"台独"势力"去中国化"上做文章，最终图谋的就是"台湾独立"。

2. 日本经济链条的核心枢纽

从 20 世纪 50 年代起，日本经济界就打出了"重返台湾"的旗号，加紧经济渗透，现在日本已经基本实现了这一目标。截至 2011 年，日本已成为台湾的第一大进口国，第四大出口国。台湾已成为日本获取海外经济利益的最重要市场，日本 9 大贸易商社控制了台湾超过 66% 的外贸总额。日本金融界的几大银行也非常重视在台拓展业务，均在台设有分行或是办事处。日本的钢铁、电子、机械等产业也与台湾的相关产业关系极为密切。NEC、EPSON 等大商社在台湾均有重大利益。尤为重要的是，日本长期保持对台贸易的巨额顺差，是日本外汇的重要来源之一。

所以，如果台湾有任何"风吹草动"，都会直接影响到日本的经济安全。影响和促进台湾政治民主化，被日本认为是"战略必须"；甚至"台独"都被日本右翼描绘成"日本经济安全的可靠保证"。

3. 日本牵制中国的战略王牌

中国在改革开放以后，综合国力逐渐强盛，政治影响日益扩大。而日本却经历了被称为"失去的十年"的长期萧条。两国的国力变化趋势，使日本的心理变得十分不安。这种不安心理终于演变成"中国威胁论"。在一些日本人看来，中国强大以后，必然要争夺亚洲霸权，从而威胁日本成为亚洲领导者的目标。于是,从 1992 年开始,日本《防卫白皮书》开始把中国列为重点防卫对象。2000 年度日本发表的《防卫白皮书》中,首先指出中国中程导弹对日本构成威胁。2002 年,日本《防卫白皮书》又表示对中国国防开支的不透明性抱有警惕,指出中国"针对台湾部署的短程导弹数量增加",并以"台海发生战事"为背景进行军事应对准备和演习,把中国当作潜在的对手,扩充军力。

在日本右翼势力看来,阻止中国"威胁"日本最有效的手段就是打"台湾牌"。他们认为,只要长期保持海峡两岸"不独不统"的分裂状态,并促进台湾"西式民主"的发展,使其"蓝营"与"绿营"之争没完没了,"统""独"政策纷纷扰扰,日本和美国就能利用台湾这张牌经常给中国政府找麻烦,使中国长期被台湾问题所困扰,从而达到削弱中国经济竞争力、延迟中国现代化建设进程的目的。如能进一步策动台湾"独立",就会最大程度地削弱中国的综合国力,从而彻底消除来自中国的"威胁"。

（二）日本与"台独"的联系

日本通过多种方式向台湾渗透,特别是日本的右翼势力通过诱导台湾"民主"政治的演变,进而明目张胆地支持"台独"势力。日本的"台湾情结"与台湾的"日本情结"遥呼相应,使得日本对台湾的"殖民情结"始终没有泯灭,并且时有膨胀。这种"殖民情结"具体表现为:军事上侵占台湾、政治上征服台湾、经济上控制台湾。时至今日,"军事上侵占台湾"自然是痴人做梦,但对台湾政治上的征服、经济上的控制,始终是日本的情结,也是日本的目标。

1. 日本的台湾情结

日本是海外"台独"运动的发源地与重要基地。首先,日本是"台独"势力的大本营。早在 20 世纪 40 年代末 50 年代初,日本统治集团就竭力支持海外"台独"势力的活动,日本曾经是海外"台独"势力的基地。1948 年 5 月,廖文毅等人纠集一些海外"台独"分子成立地下组织"台湾再解放同盟",第二年,以他为首的"台独"分子在东京成立"台湾民主独立党",公然打着"台独"的旗帜,分裂中国。1956年2月成立了所谓"台湾共和国临时政府",在日本当局的支持和保护下,把"台湾国旗"设计成在日本太阳旗的基础上附加一弯新月。后来,由于形势的变化,海外"台独"势力活动的基地逐渐从日本转移到了美国,但是"台独"势力与日本亲台势力的联系始终没有中断,而且"台独"分子还总在日本的支持和庇护下向台湾岛内渗透。其次,暗中为岛内"台独"分子撑腰打气。日本把"台独"作为遏制中国和平发展的重要手段,多次给李登辉发放赴日签证,为其"台独"言行提供支持。再次,以在台湾投资、办企业为幌子,寻找代理人,在选举中直接资助"台独"势力。最后,日台军事合作日趋紧密,已经具备军事同盟的雏形。

以往,日本为了维持与中国的关系,虽然支持"台独",毕竟还是心有所忌,尽量避免在台湾问题上直接刺激中国。但近年来,随着中国崛起的进程加快,以及中日在钓鱼岛等问题上摩擦不断,日本感受到极大的战略压力,从而秉持更加强硬的态度,不仅明确把台湾海峡问题列为美日"共同战略",而且企图借助台海问题来遏制中国。

日本之所以对台湾民主政治问题情有独钟,除上述战略因素外,心理因素同样重要。由于历史、文化、经济和战略等方面的原因,日本有些人怀有浓厚的"台湾情结",甚至将台湾视为"不在日本版图内的日本领土"。在此强盗逻辑下,干涉台湾政治俨然成了日本的"家务事",似乎合理合法!

日本"台湾情结"的形成既有社会历史的原因,又有国际环境的原因,是各种因素交互作用使然。早在明治时期,日本就拟定了征服朝鲜和台湾,进而征服全中国和全世界的"大陆政策"。1894年发动了侵略中国的甲午战争,迫使清政府割让台湾。从1895年到1945年,日本对台湾实行了长达50年的殖民统治,这段特殊的历史,使日本具有浓厚的"台湾情结"。虽然二战后日本不得不放弃对台湾的占有,但是在骨子里是不可能忘记台湾的。近年来，日本对台湾问题的关注可谓越来越密切，早已突破了不与台湾官方往来的限制，并且深入到军事领域，不能不引起中国的担心和忧虑。他们企图将"台湾情结"变为"侵略情结"，变为"殖民情结"，将台湾重新纳入日本版图。虽为狂人妄想，但仍值得警惕。

日本的"台湾情结"开始时或许只是一些人的一种个人心理活动，但是，如今在日本已演绎为一种集体性记忆，隶属社会心理范畴。此种心理因素已经成为日本亲台势力共同的政治动因。正是基于此种群体性心理，亲台派与当政的政治势力一拍即合，成为促进日本对台政策发生转变的一个重要因素。甚至，日本对台湾的这种难以割舍的"亲切感"，经过长时期的发酵，终于在日本和台湾两地都演变成一股推动现实政治的舆论力量，越来越显示出巨大的效应，使其对台湾政治发展可以肆意指指点点。

2."台独"的"日本情结"

众所周知，受外国长期殖民统治的影响，台湾存在着本土文化、中华文化、殖民文化等多种文化。在诸多外来文化中，最具影响力的首推日本文化。日本殖民统治者的"皇民化运动"以语言、风俗为触角，深入到台湾社会生活、价值理念之中。正是在日本殖民者的强权统治和日本文化的侵蚀下，台湾社会明显产生了一种"日本情结"。

1945年二战结束，台湾收复了。台胞对代表中国接收台湾的国民党是茫然无所知，当看到"祖国一批人到了以后的那种野蛮落伍，没有教养，活像一群土匪，大小官吏，五子登科"的现象时，又不免与日本"讲法制，军容强盛，秩序井然有序"形成了巨大反差，"祖国美梦的破裂"在所难免，渴望的情绪瞬间蜕变为失望，民众心理落差非言语所能表达。可以说，台湾民众的"日本情结"是在"国民党军队"劣迹中得以强化积淀的。

从历史上看，台湾社会的"日本情结"同时还伴生了一股"台独"思潮。"台独"分子都有着更深的这种"日本情结"，他们都有媚日倾向。对于他们来说，这种"日本情结"既源自于他们各自所处的历史环境及个人的特殊经历，同时也与他们的思想倾向和政治需要有关。他们的存在，倒过来又强化了台湾社会的这种"日本情结"。

总的来说，日本对台湾50年的殖民统治，一方面在战后日本右翼势力的内心深处滋生出浓厚的"台湾情结"。另一方面也在台湾岛内豢养出一批满脑子"皇民意识"和具有浓厚"日本情结"的"台独"分子。正是这样，日本对台湾长达半个世纪的殖民统治，特别是"皇民化运动"的推行，既为战后"台独"思潮和"台独"运动的孳生和蔓延，培植了一股"中坚力量"，也为战后日本右翼势力支持"台独"运动和重新染指台湾准备了内应。一直以来，日本之所以能够一再染指台湾事务，大打台湾"民主政治"牌，并每有"回响"与回报，究其原因就是因为两者间有这"天然"的"日台情结"。

（三）日本对台的渗透与忽悠

冷战结束，国际形势风云变幻，世界格局朝多极化方向推进，美国对华政策随之调整，视台湾问题为遏制中国的撒手锏，日本"台湾情结"再次被点燃，并得到最大程度的释放。此"情结"与台湾的一些势力的协调与默契，显然已经远远超越历史上的宗主国与殖民地的关系，进入到一种在地缘战略上互相需要、互为帮衬的境界。日本右翼势力如鱼得水，大张旗鼓地加快了对台政治渗透的步伐，其实也是加紧了对"台独"的煽情与忽悠。

1. 在忽悠中壮大的亲台阵营

在日本看来，台湾是日本亚太防卫区域链条中针对中国的关键环节，将台湾划入日本的防卫区域，纳入日本的防卫轨道，既可获得南下东南亚的前沿基地，构筑日本的"新周边"，又可阻止中国面向东亚的发展战略，取得地缘政治上的战略优势。所以，他们加强对台湾的渗透与忽悠，大打"日台亲善牌"，就如同日本侵略中国却大讲"日中亲善"、"大东亚共荣"一样，以此迷惑和吸引了不少人。

近几年来，日本国内各种亲台组织加速建立，迅速发展。目前，"日台亲善议员联盟"和"日台亲善协会"已遍布日本的各都道府县，成为推动日台政治关系发展的重要组织。"日台关系议员恳谈会"是日本在政治上对台湾进行渗透的骨干机构。该组织成员已从成立之初的不足 100 人扩大到现在的 300 余人，它是一个封闭的、秘密的亲台组织。而"日台议员联谊会"的成立，则标志着日台政治交往进入了机制化的新阶段。2001 年 4 月，日本自民党少壮派 45 名议员成立了对台交流的"日台国会友好议员联盟"，该联盟将台湾定位为"亚洲自由民主国家"，强调要从民主主义价值观念出发，推动 21 世纪的日台关系。2003 年 8 月 31 日，日本各主要都道府县的 70 名议员在东京又成立了一个亲台议员组织——"促进日台关系议员联合会"。对此，日本东京都知事石原慎太郎和李登辉均致电祝贺。

2. 忽悠台湾重返国际社会

日本政府认为，日本和台湾同属"民主政体"，应该相互协作，相互支持，组成"亚太地区民主同盟"。近几年来，日本对台湾的"民主成就"大加赞赏。日本还采取各种措施支持台湾重返国际社会，特别是支持台湾参加只有主权国家才能参加的国际组织。2002 年 5 月，日本政府公开表示，支持台湾参加世界卫生组织。2002 年 8 月，日本最大的反对党民主党党魁在上海公开宣称，应支持台湾加入联合国。这一切，其实无疑又是一个大忽悠而已，只是为"台独"打打气和壮壮胆罢了。台湾想要以主权国家名义加入国际组织肯定是不被允许的，"入联"永远只会是痴人妄想。

3. 联系和忽悠"台独"高层

台湾问题是日本牵制中国发展的重要王牌。日本深知，只要中国一天不解决台湾问题，其振兴的进程就会受到干扰，其崛起的势头就会遭到削弱，而一个分裂的民族是难以最终实现伟大复兴的。所以，日本不断地以支持"台独"来联系和忽悠台湾的高层人物。

早在 1999 年初，日本政界就对陈水扁的选情保持密切关注，当时的小渊惠三首相明确指令必须迅速同陈水扁进行联系。陈水扁获胜后，日本官方虽然在公开场合保持低调，私下却对陈水扁获胜暗自庆幸，并表示祝贺。日本新闻媒体在政府的旨意下捷足先登，《朝日新闻》在陈水扁当选后对其进行了专访。这是陈水扁竞选获胜后第一次接受国际新闻媒体的采访，显示出他对日本的重视。

2000年5月19日，石原慎太郎得到日本官方的默许，赴台参加了陈水扁的"就职典礼"。期间，石原与陈水扁举行了单独会晤，双方都流露出了加强日台政治接触的愿望。这样，以石原慎太郎为骨干，日本官方与陈水扁政权建立起了联系管道。

2000年5月，陈水扁的《台湾之子》在东京出版，这显然是日本献给他正式就职的一份"厚礼"。与此同时，日本还对陈水扁"台独"理念表示赞赏，日本亲台势力为吕秀莲猖獗的"台独"言论帮腔助威。2008年以来，日本官方与在野的民进党深绿分子依旧交往不断，不少重量级的"台独"人士亦纷纷访日。

4. 加紧军事渗透与搅局

与"民主牌"相配合，日本还试图进一步把台湾拉入TMD（战区导弹防御系统）开发计划。在他们看来，如果控制了台湾，则无疑给在亚洲最具竞争力的对手——中国体内打进一个楔子，而台湾则可以成为自己政治上死心塌地的小伙计，在国家安全上成为守护家门口的天然屏障，从长远的战略意义上考虑，台湾更是进可以觊觎、退可以暗中操纵的东亚地区少有的一步活棋。由于台湾对日本来说极其重要，所以，从目前形势来看，日本对于台湾问题的干涉是不会主动减少的。

近些年来，日本采取一系列措施，加速推进对台湾的军事渗透。第一，公然将台湾地区纳入"周边事态"范围。1999年4月27日和5月24日，日本众参两院先后通过了以《周边事态法》为核心内容的三个相关法案。该法案事实上已将台湾地区纳入"周边事态"范围。2001年和2002年《防卫白皮书》中加大了对台湾问题的军事关注，宣称"台湾海峡的安全是日美安保条约的对象"，将台湾问题作为进行大规模单独或联合军事演习的重要背景。

第二，把台湾地区纳入了导弹防御体系。日本为加快推进战区导弹防御体系的研制与部署，采取了一系列具体行动。一是通过修改《防卫计划大纲》和制定《2001~2005 中期防卫力量整备计划》，把建立战区导弹防御体系作为今后的重要任务。二是加紧在某些关键技术的研发上取得突破。根据日美签署的谅解备忘录，2005 年前日本把研发重点放在"海军全战区防御"系统的四大关键技术上，即头锥技术、红外引导技术、先进动能弹头技术和第二级助推火箭发动机技术。三是加快装备导弹防御主战系统平台。

第三，以"重新定义"日美安全保障体制为契机，加大对台海地区的军事介入。日美安全保障体制既是日本防卫战略的基石，又是日本军事干涉台海的战略平台。20 世纪 90 年代中后期，随着《日美安全保障联合宣言》的发表、《防卫合作新指针》的颁布和以《周边事态法》为核心的一系列"有事法律"的制定，日美安全保障体制"重新定义"的法理框架已经确立，使该体制发生了直接危及台海安全形势的新变化。1997 年 9 月 23 日公布的《防卫合作新指标》，正式将应对亚太地区出现紧急事态作为日美防卫合作的核心内容，并制定了应对亚太地区出现紧急事态的详细行动方案。即一旦亚太地区出现紧急事态，日美将动用安全保障体制介入。这样，日美安全保障体制就由冷战时期的"保卫日本"的一国型体制变成了涵盖亚太的地区性军事合作体制，台湾地区就被纳入了这一体制的范围。

第四，在中国南海问题上不断搅局，甚至支持和联系多个南海领土争议的国家，以求乱中取利，换取中国大陆对在其东海和台湾海峡的利益的退让或无力关顾。

总之，日本对台湾的全面渗透、忽悠和搅局，在中日关系中不断地打"台湾牌"，是与对华战略密切相联的。历史告诉我们，不断加强对台关系，进一步加大对台湾的全面渗透，是日本政府对台的既定方针，是日台关系发展的基本走向。今后，日本仍会在对华交往中频繁地打"台湾牌"，使台湾问题在中日关系中的分量明显加大，成为影响中日关系健康顺利发展的突出矛盾，这是需要我们警惕的，也是考验我们的战略智慧的。

四、依附政治、岛民心态与民主瓶颈

近年来世界经济全球化趋势不可阻挡，一种被称为"依附理论"的经济观被普遍认同。这种理论认为，世界在经济全球化过程中，形成了中心、边缘、半边缘的三类地区与国家，边缘与半边缘国家或地区在世界体系中处于依附的地位。自然，这种依附首先是经济的依附，而后是政治的依附，甚至是社会心理的依附。台湾虽然曾经是"亚洲四小龙"，但其经济类型属于典型的"依附型经济"，至今如此。

经济上的依附性决定了其政治上的依附地位。自两蒋时代起，"台湾的威权主义政治体制，是美国从其世界战略出发，为利用台湾的战略价值，通过将国际政治舞台上给予台湾的支持转化为其对内威信的办法，由外部支持台湾当局本来就十分脆弱的'法统'来维持的。"台湾的"民主政治"更是自孕育那一刻起就带着西方的"基因"。这种"基因"与台湾人本身在历史积淀中形成的"岛民性格"相结合，就产生了非常独特的、让人眼花缭乱的"台湾岛民式民主"。细分析，其实正是这种"政治依附性"与"岛民性格"对台湾民主政治造成许多乱象，形成了瓶颈制约。

（一）依附政治与台湾民主

"依附"概念最早见于有关台湾经济发展的论述。20世纪50年代初期，台湾进入以美国为首的西方资本主义世界体系。由于台湾在资本主义世界经济体系中原本处于"边陲"地位，在"核心国家"的渗透和操控之下，台当局和统治者沦为"核心国家"的附庸。经济是政治的基础。台湾经济的这种依附性决定了其政治上的依附地位。台湾政治完全是"唯美国马首是瞻"的政治。

1. 依附政治的发展

当年，与国民党相对立的"党外"在野势力，在 20 世纪 50 年代国际冷战背景下开展的"党外运动"，就是以西方式的"民主"、"自由"、"人权"为思想武器反抗国民党专制独裁统治。相当一部分"党外"人士更是以西方国家为护所。台湾的"民主政治"自孕育的那一刻起就受西方政治的影响，就依附于美国。同时，美国政府目睹国民党的专制统治日渐"不得人心"，转而积极扶植反对力量，迫使国民党当局按照西方国家的标准改革政治体制，实行所谓的"民主政治"，更是使台湾民主进程一开始就在依附美国的背景下推进着。而台湾的年轻一代政治人物又大多在美国完成学业，与美国有很深的渊源。冷战结束后，尽管国际形势总体缓和，但由美国主导的国际上的"民主胜利论"（认为"民主自由战胜了共产主义"）和"民主和平论"（认为"民主国家之间不会有战争"）几乎成为国际关系主流思潮，台湾年轻一代政治人物对此十分欣赏与迷醉。

于是，当老布什要建立国际新秩序时，当克林顿要进行"人道主义干涉"时，台湾新一代的领导人看到了机会，一个个跃跃欲试，推动着台湾卷入依附美国的"民主演变"的潮流。特别是 1994 年 1 月克林顿首次访问俄罗斯，重申美国支持俄罗斯的"民主市场改革"，并为其提供经济援助，推行美国设想的国际秩序与民主人权时，台湾的李登辉真是心领神会，以"民主、改革"为名，努力争取美国支持。1995 年，李登辉访美期间，更在国际上展示台湾所谓的"民主成就"，借此证明"台湾是可以照亮中国的一盏明灯"，进而凸显台湾在美国对华战略中具有的"价值"。

而对于民进党当局来讲，选择依附西方国家，尤其是美国和日本，更有其历史的必然性。民进党的骨干分子早在建党前就与美国的反华势力有密切联系，其"台独"立场决定了它必须在坚持"以台制华"的美国"亲台反华"势力中寻求支持。陈水扁认为，在美国建立的北至日本、南至澳洲的"吓阻链"中，台湾正位于中心关键位置。出于这种判断，陈水扁为了巩固其在台统治，断然选择了依附美国。2000 年 6 月，他在台湾当局

"军事情报局"的一次讲话中露骨地表示，台湾应该"结合国际'和平演变'的策略"，推行台湾的"民主经验"，"促使中共加速走向民主化"，以此换取西方国家的政治支持。

国民党重新执政后，为巩固执政地位，也竭力向西方国家靠拢，在中美之间寻求平衡。马英九在2011年元旦讲话中公开表示，"未来一百年，中华民国要做华人世界的民主模范。中华民国是主权独立的国家，中华民国的存在，不仅保障台澎金马的安全与尊严，同时也证明中华民族在自由、民主的环境里，可以走出一条崭新的道路。台湾的民主还很年轻，却带动了蓬勃又有活力的政党政治。民主是台湾的力量与骄傲，更是朝野竞争与合作的基础"，"台湾经验应可作为中国大陆未来发展的借鉴"。

台湾依附政治的内在逻辑是，强调台湾是与美国有着相同的意识形态和价值观念的"民主国家"，凸显中国大陆和美国在意识形态上的巨大差异和冲突，论证台湾在美国对华战略中存在"巨大价值"。直言之，台湾当局依附西方，归根结底是为了挟洋自重，抗拒统一。新加坡资政李光耀曾指出，"不论台湾方面提出什么主张，除非得到美国的支持，否则改变不了台海现状"，充分揭示了台湾政治依附美国的特性。

2. 依附政治能得到的是什么?

台湾当局依附美国，竭力体现其在美国对华战略中的特殊重要性，但是台湾当局在台美关系中的被动性，决定了台湾终究摆脱不了丧失主体地位，只是充当了美国战略棋局中一颗棋子。美国为了自身的国家利益可以置国际关系于不顾。公正、诚信、争议等道义性的诉求只是其国家利己主义的包装。当道义与利益发生冲突时，美国必然毫不犹豫地选择后者。

特别是随着国际战略格局的调整，中美两国在战略安全上相互需求趋于平衡，美国不得不选择相对理性地对待中美关系。"台湾问题"无非是制约中国，求得战略利益的筹码而已，对美而言，"下注"一旦过大，触动了中国大陆核心利益，引起中国大陆的关注与反对时，这个"筹码"就要被美国所调整，以求得台海问题上的平衡。所以，台湾再怎么依附美国、倚仗美国，终究摆脱不了充当美国战略棋局中一颗棋子、一张牌的命运。"不统不独"始终是美国对"台海问题"的战略策略，"台独"分裂势力依附西方、"假民主、真台独"的战略将难以得逞。早在2003年11月初，陈水扁过境美国时就曾无奈地表示，对美国在国际反恐战中需要发展与中国的战略关系"表示理解"。由此可见，台湾当局依附美国，竭力显示其在美国"以台制华"战略中的特殊重要性，除了加剧两岸关系紧张之外，绝不会有利于其所谓"国际地位"的提升。

还有一个问题，台湾当局甘心充当美国战略棋局中的一颗棋子，台湾政治事实上也就不存在其应有的主体性，更谈不上尊重民意民心，扩大民众的政治参与。然而，随着台湾民众民主意识的不断提高，美台特殊关系下隐藏的问题逐渐浮出水面，由此引发执政者、政党、政客与民心民意的矛盾愈发突出，无疑对台湾民主向纵深发展形成了一种瓶颈制约。

就当前而论，台海两岸局势缓和，台湾民心思和，并不希望两岸军备竞赛，重上战场；并不希望牺牲民众福祉，花费巨款购买军火。但出于军火商利益考虑，美国还是一而再、再而三地将天价武器大笔售台，如2008年3月28日，美国保守派的宣传阵地《华盛顿时报》率先发声，引述多名美国情报评估官员的话称，"大陆部署了1400枚导弹锁定台湾"，这个数字比美国早先报告所透露数量多出四成。分析认为，"站在两岸宏观的角度，这些导弹数字变化的意义并不大，真正值得推敲的，反倒是释出这些信息背后的思维和动机。"台《联合报》认为，这些信息出现的时机正值台湾选举刚刚结束的敏感时刻，对于美国军火公司及其他利益集团来说，靠着在重要时刻释出信息，维持"大陆威胁论"的能见度，目的就是为军购鼓噪。问题在于，台湾当局应和了这种鼓噪，大单购置武器，必然引发美国售武与台湾民意民心的矛盾。

2012年3月，台湾爆发新一波"美牛"争议。台湾是美国牛肉重要的出口市场。2003年美国本土爆发疯牛病疫情后，台湾曾多次禁止美国牛肉进口，但迫于美国方面的政治与贸易压力，台湾当局的"美牛"政策常在禁止与解禁之间游移。2011 年初，美国牛肉被查出含有瘦肉精，台湾当局再次下令全面下架、禁止进口此类货品。对此，美方表示不满，多次向台方施压。2012 年 1 月，马英九在台湾地区领导人选举获胜后，美国国务院负责亚太事务的官员公开表示，"希望台湾在美国牛肉进口台湾这个议题上采取必要的措施"。美国要求重启"美牛"进口谈判的压力接踵而来，但岛内相当多的民众对"美牛"普遍存在健康疑虑，由此引发的矛盾严重冲击着美台特殊政治关系，更考验着台湾的民意民心。

（二）台湾岛民心态透视

在讨论台湾民主政治时，一个经常被提及的问题是台湾民众的民主素质。民众是政治生活的主体，台湾民主政治的乱象，反映了深层次的政治文化缺陷，自然与民众的民主素养不无关系。仔细梳理台湾民众历来所积淀的岛民性格，或许有助于认识民众的民主素质，有助于认清台湾政治生态乱象。

1. "勇于内斗"与"茶壶和浅碟效应"

台湾的海岛地理位置塑造了台湾民众"勇于内斗"和"敢于外拓"的典型岛民性格。台湾岛内族群林立，历史上各族各派为了抢夺有限的资源，抢地盘、争势力，所引发的冲突和械斗不断。从康熙二十二年（公元 1683 年）台湾岛内发生的第一次械斗起，到光绪二十一年（公元 1895 年）的最后一次械斗，212 年中总共发生了 38 次大型械斗。其中闽粤械斗 9 次，漳泉械斗 21 次，异性械斗 5 次，职业团体械斗 2 次。械斗之密，史上少见，而死伤惨重尤其触目惊心，让人不忍赘述。台湾历史上如此众多的冲突和械斗造就了台湾小小的地域内许多各为已利的派系和族群。时至今日，台湾岛内的械斗和流血冲突虽已不复存在，但地方派系斗争、族群矛盾等等问题还是层出不穷，社会上的"口水战"代替了原来的流血冲突。

有人这样说：台湾的选举文化简直就是一种"口水战文化"。台湾从"总统"选举到基层的村里长选举，真是"口水战"的好战场，各路人马粉墨登场，皆被历练成"舌战高手"。台湾当局对此得意非凡，自诩这就是所谓的"民主"。其实，这种竞选到处充斥着人身攻击、粗俗谩骂等不雅举动，实在让人不敢恭维。

台湾的电视媒体不仅大报特报诸如"立法院"内争吵和打架的火爆场面，同时媒体推出十来个电视辩论节目，把"口水战"搬上屏幕，来满足台湾民众"好斗"的品性。这些电视节目收视率的居高不下，从某种意义上说明了台湾民众喜好内斗的性格表征。

台湾是一个移民社会，且地小人稠，从而造就了台湾民众"茶壶和浅碟效应"的移民性格。茶壶在煮沸时，壶内"翻江倒海"，壶外却"风平浪静"；而浅碟中的水轻轻一吹就起涟漪，稍加用力便"起伏荡漾"，然而风一过即刻恢复平静。"茶壶和浅碟效应"的性格特点就是：快、短、小、浅。这一特征在台湾人经营实业中可以明显看出。台湾产业发展的基础是占企业总数97%的中小企业。这类中小企业具有小快灵的特点，经营中一旦碰壁掉头转向快，它们喜欢炒短线、求速利、走快捷方式，具有快餐似的特征。例如，大多数中小企业者宁肯制假仿冒、拷贝抄袭，也不走加大投入、进行研发、自创品牌的正常发展之路，致使台湾的中小企业和工厂一年倒闭十几万家，却又雨后春笋那样奇迹般地一年又新开张数十万家，经济总量中的泡沫始终尾大不掉。

台湾的人口密度高居世界前列，在这居住着2300万人口的地区，媒体行业高度发达，数量众多，同时普及率高。各媒体经常刻意发掘一些小事件进行大肆炒作。为制作新闻热点、焦点，各大媒体不惜歪曲事实、危言耸听。当然，这类的报导热得快，凉得也快，今天在疯狂炒作，街头巷尾皆知，明天一下子却又销声匿迹了，也是非常典型的"茶壶和浅碟效应"。显然，台湾民众已经适应了这样的媒体环境，而在外部的人看来还真有点不习惯。

2. 务实重利

目前的台湾是一个高度商品化了的社会，对许多新生代的台湾民众来说，经济的话题始终多于政治的话题，他们对经济发展和事关自身利益的经济环境的关注度远远多于政治话题。他们务实重利，可以不关心政治，但不能不关心经济。因而，他们也关心两岸关系的发展，但主要不是出自政治的原因，而是出自对经济利益的关切。他们知道，两岸关系的发展将对他们关注的切身利益有很大的影响。

这些台湾新生代身上所表现出来的务实重利的性格特征，除了受到西方文化和价值观影响以外，显然还可以在台湾历史和地理因素上找到原因。

台湾作为远离大陆的孤岛，资源匮乏，四面临海的地理位置使其经济发展必然依赖进出口贸易，为了生产需求和追求利润，商贸挂帅始终是台湾社会的一个基本特征。此外，早年西班牙人、荷兰人占领台澎作为其拓展东方贸易的基地，也多少使岛民们启蒙了商贸理念，开拓了经商视野，接受了近代国际贸易的方式和经验；而郑成功父子在统治台湾的时候，为建立抗清复明的养兵安民之道，也首推海洋贸易之策；在清政府收回台湾以后，由于政权的日渐衰落，闭关锁国的清政府战败后被迫与西方列强签订了不平等的《天津条约》及其续约，将台湾四海港作为国际商港；日本在台统治的 50 年更是采取殖民经济策略，只允许作为"次等国民"的台湾人从事农、工、商、医等职业，绝不许他们从政或反抗；国民党政权溃退台湾后，长期实施戒严的白色恐怖，占台湾总人口八成多的本省人在政治和社会地位上长期得不到平等对待，致使本省籍民众绝大多数也只敢从事务农、经商、办厂和航运等工作，以谋求在经济领域的发展。总之，海岛的自然环境和上述历史原因，磨炼出了台湾民众特别是本省籍民众的"重商重利"性格，也可以说是一种很务实的性格。

"民主政治"似乎是政治人物的事，而不是他们的事。只有让他们看到"民主政治"与他们的切身经济利益攸关时，他们才真正迸发热情，就如那些到大陆发展的台商在"大选"时，热情奔回台湾投票，与其说那是关心政治，毋宁说那是关心着自己的"口袋"——关心着两岸关系对其"钱袋"的直接影响。

3. "本土意识"强烈

台湾新生代出生于台湾收复之后，他们出生在台湾，成长在台湾。他们不像上一代那些随国民党一起来台的"外省人"，他们对大陆没有直观的认识。相反，在两岸长期处于敌对状态期间，国民党的"反共"宣传和两岸的隔绝，使他们对大陆形成了一定的偏见和抵触。蒋介石逝世后，他的"反攻大陆"的梦想也随之破灭；接替的蒋经国则把重心放在台湾经济建设，因此台湾民众的视线也被更多地吸引到了台湾建设上面。于是，台湾新生代民众的"中华民族大统一"的观念日趋淡化，而"台湾本土意识"在民众的心目中却日渐强烈。

台湾在1987年解除"戒严令"以后，长期被国民党政权压制下的"本省人"开始崛起，逐渐占据社会主流位置。他们从长期处于被压制状态下，终于挣脱出来，用台湾话说终于熬到"出头天"了，要"当家作主"了。"本土意识"得到一次强力召唤，显得更加强烈了。

一个事例能很好地说明目前台湾民众的自我定位：在台湾中正大学的一间咖啡屋里，10名学生在讨论政治，当被问到谁认为自己是中国人时，只有一人举手，两人说自己既是台湾人也是中国人，其余7人说自己是台湾人。可见，目前"本土意识"在台湾社会占据主流位置，而且这股潮流还在进一步增强。

其实，"台湾意识"和"台独意识"并不相同。"台湾意识"、"本土意识"本质上是一种故土意识，家乡观念，人人有之，与台湾的"独立"不"独立"并无直接关联。长久以来，"台独"势力却以民众的"台湾意识"为旗号，误导台湾民众，企图把"台湾意识"和"台独意识"等同起来。特别是以李登辉、陈水扁为首的"台独"势力就利用民众的"本土意识"，打着"台湾社会台湾人管"、"爱台湾"的旗号，大肆宣传，企图把这种"台湾本土意识"和"去中国化"、"台独意识"等同起来，从而误导民众支持他们的

"台独"行径，向"台独"的危险境地迈进。这，也是台湾民主政治发展，乃至其经济、文化和社会繁荣发展，必须努力去突破的一种狭隘社会心理和瓶颈似的障碍。

实际上，把台湾民众的"台湾意识"放在中国悠久的历史中考察来看，可以发现，"台湾意识"是作为中华炎黄子孙的一部分——台湾人，在不同历史时期，在特定的地区所形成的社会意识，是整个"中国意识"的一部分，也可以说是"中国意识"在台湾地方的具体体现，是值得尊重和理解的。大陆提出的"寄希望于台湾人民"正是表达了这一观点，希望以最大的诚意去争取台湾同胞，让他们充分认识大陆的诚意善意，认清"台独"分子的丑恶伎俩，从而真正有力地推动两岸和平发展。

4. 社会文化深度"西化"

国民党退居台湾以后，长期依靠美国为后盾与大陆形成军事对峙。除了政治上、军事上对美国的依附外，为了巩固政权、缓解政治危机，国民党当局在经济发展上也依附西方，大力引进西方国家特别是美国的科技来加强台湾的经济建设。这样一来，以美国为主的西方文化必然也大举涌入台湾社会。如今的台湾，社会文化、学术教育、大众媒体等等方方面面，都可以看到美国文化的影子。

台湾还一度刮起"留美热"，现在成为台湾社会精英阶层的新生代中，绝大多数都是留学美国、英国、甚至日本等国家的。国民党主席马英九就是一个典型的代表。马英九1972年台湾大学法律系毕业后赴美留学，获美国纽约大学法学硕士、哈佛大学法学博士学位后回台工作。在2012年初马英九任命的新一届"行政院"48名成员中，32人有留洋背景，占66.7%，其中25人有留美背景，占52.1%，3人留德，2人留日，留学泰国、英国、法国的各有1人。这批新生代中的精英，他们在留学欧美接受西方教育期间，受到西方的自由、民主、人权等思想观念的影响很深，他们往往对美国杜威的实用主义哲学、西欧的人本主义社会伦理及民主政治理念有相当程度的认可和向往，而对中国传统的社会政治理念的感受和认知就较为淡薄。他们这种认知和价值观势必通过他们在社会主流位置的表现与表演而影响台湾社会和民众,进一步催生着"西式民主",引导着台湾社会政治文化的深度"西化"。

但细致考察就会发现,这种"西式民主"与台湾本土文化的结合,其实"还只是一种表象的、浅层次的、粗糙的结合","显然还在水土不服的状态中",所以"台湾民主政治乱象奇多",民主政治实际难以得到实效发展。

五、台湾"务实外交"中的"民主牌"

近年来,台湾当局还不断加强利用"民主牌"来推动"务实外交"的力度,手法也更加复杂多样。

自从1990年台湾当局提出"务实外交"和"全方位外交"的主张以来,在"外交"策略上不断花样翻新,"金钱外交"、"经贸外交"、"元首外交"等等,不一而足。陈水扁上台后,在国际社会上大打"民主牌",鼓吹"台湾已经成为民主国家",并将"民主人权"确定为台湾"外交"工作的"三大主轴"之一,"民主牌"是其"务实外交"的主牌。

但是,西方民主的弊端加上台湾"民主"的劣根性与乱象,使得台湾当局的"民主牌"打得并不顺溜,甚至困难重重,加之大陆社会的稳定发展和民主政治建设不断取得新突破、新成就,也对台湾当局"民主牌"给予了沉重打击。

(一)台湾当局"民主牌"手法多变

利用"民主牌"推行"务实外交",拓展"国际生存空间",最早是由李登辉提出的。1996年,李登辉通过"总统直选"再次当选为"台湾总统",上台后开始宣扬台湾"民主改革成功经验",并正式将"民主人权"作为推行"务实外交"的一个重要手段。2000年,陈水扁在就职演讲中大谈台湾的"民主、自由、人权",表示要依靠台湾的"民主成就","将中华民国重新纳入国际人权体系"。为了遵循陈水扁利用"民主、人权"来推动台湾"务实外交"的指示,打好"民主牌",民进党当局制定了一系列的具体措施,可谓是花样翻新,手法多变。

1. 安排领导人及相关人员出访,在国际上进行"民主"诉求,以获取认同与支持

欧美一直是台湾对外关系中试图突破的重点,但苦于没有正式的"邦交关系",台湾领导人的出访、过境,都受到诸多限制。但又因这些国家常以"民主国家"自居,台湾当局于是期望借"民主牌"进入欧美,提升实质关系,凸显国际地位。

在欧洲,台湾当局利用 2001 年"国际自由民主联盟"宣布将"自由奖"颁给陈水扁的机会,极力鼓噪运作,以期解决陈水扁访问欧洲无"邦交国"的问题。由于法国及"国际自由民主联盟"所在地丹麦均反对给陈水扁发放签证,台湾当局不得不改由"总统夫人"吴淑珍代行。吴淑珍在欧洲期间,广泛会见法国和欧洲议会政界人士,除引起欧洲各界对台湾的关注外,也为陈水扁以后"过境"欧洲起到了"敲门砖"的作用。

在美洲,台湾利用美国朝野对所谓的"民主"、"人权"等"美国价值观念"的重视,再次安排吴淑珍访美。吴淑珍在美期间发表题为"让民主的月光照亮亚洲的前途"的演讲,鼓吹台湾的"民主"成就,并扬言"台湾一定会加入联合国"。

在亚太,台湾当局以"民主"为切入点,运作陈水扁赴韩国出席"亚洲自由民主联盟"会议,以"人道主义"为借口,安排李登辉赴日本治疗"心脏疾病"。

通过这一系列活动,台湾当局借"民主牌"在国际上增加"台独"的曝光率,"以一种多出场、多上镜,至少混个脸熟的方式",企图拓展"台独"的国际空间,凸显所谓的"台湾主权独立"。

2. 迎合美日等国的"反恐"部署，在"民主、反恐"的旗帜下大打"民主牌"

有人说，"9·11"恐怖袭击开启了一个新的时代——"反恐"时代。自此之后，美国及国际社会都将重点放在联合反对恐怖主义上，美国更是以"反恐"划线衡量与他国的关系。

为迎合美日等国的这一战略部署，台湾当局相继抛出了"安全、民主、经济"的"三锚论"，称"恐怖主义不但是对自由民主的威胁，更是人类文明的倒退"，全球反恐行动能否成功，除了需要亚太国家共同的合作之外，还有"三个面向"特别值得关注，那就是"亚太地区的安全与稳定，民主的巩固与扩大，以及经济的合作与发展"。

正是借着这"反恐"的旗帜，台湾当局谋求进一步突出台湾地位与价值，同时，又借着"民主"与"反恐"的旗帜，台湾当局"抹黑"和"污蔑"中国大陆。陈水扁多次强调，亚太地区已经成为国际反恐行动中重要的一环，"而台湾更是不可或缺的一角"，"作为自由、民主与和平的捍卫者，台湾与美国始终站在反恐的同一阵线"。2002年8月18日，陈水扁在"美、日、台三边战略对话"会议上，建议美日调整对"中国大陆"的政策，三边加速建立"亚太民主国家"的"经济共同体"。在"三芝会议"上，陈水扁又宣称大陆将对台湾实行"超限战"，对台湾"民主政治"实行"恐怖主义"袭击。

打着"民主、反恐"的旗帜，台湾不仅企图借机获得国际舆论的同情与支持，还在一定程度上提升了与美日等国的"实质关系"。

3. 加大国际宣传力度

在利用"民主牌"推动"务实外交"的过程中，台湾当局十分注重宣传工作。在台北召开的"三芝会议"上，台湾当局明确指出，应当仿效美国对"中国大陆的'民主化'和'人权'"所建立的"观察与评估制度"，定期提出全面性的"中国大陆人权报告"，并对中国大陆的和平演变"提供必要的协助"。在"协助中国大陆推动民主化"的借口下，台湾当局为更有效地开展宣传工作，提出"三步做法"。第一步是整合"中央广播电台"、"中央社"等媒体，使之成为台湾向国际及中国大陆推广"民主经验"的"台湾之音"；第二步是邀请大陆相关人士赴台观摩选举，"协助中国大陆培训选务工作人员"；第三步是从"政治民主"角度提出反制大陆"反独促统"的做法，扩大"台独"的国际影响与国际认同。

4. 制定相关人权公约，成立"民主推动"组织

为使台湾"民主"能获得国际认可，台湾当局积极推动"国际人权公约法典化"，筹划加入并"切实实施"联合国《公民与政治权利国际公约》、《经济、社会、文化权利国际公约》。同时，台湾"外交部"还会同"法务部"共同考虑制定"人权保障基本法草案"。

在台湾的"民主外交"规划中，台湾当局下一步拟成立系列"民主推动"组织，扩大台湾的国际影响。如建立"全侨民主和平联盟"，以"争取海外侨胞及国际人士对民主台湾的认同"，加速完成"公民投票法制化"以拒绝统一，"尽速成立'台湾民主基金会'以与其他国家建立类似联盟"，推动建立"亚太地区民主同盟"以促进"亚太地区民主化"等等，可谓名目繁多，层出无穷，手段多变。

5. 聘请"人权专业人士"担任"无任所大使"

台湾当局为了招募能够"协助政府推展外交关系"的"人权专业人士"，不断将"无任所大使"的范围扩大，只要"谙熟国际事务且具有崇高声望者"或"对交付之特定任务具备优越之条件者"，都有资格出任"无任所大使"。陈水扁当政时期，曾聘请"对人权事务具丰富国际经验或研究专长"的路平、邱晃泉以及从事国际妇女事务的高李丽珍三人为"无任所大使"，协助台湾当局与国际人权组织联系，推动台湾的"人权外交"工作。

6. 加强与国际间非政府组织的合作

利用国际间非政府组织"强化国际地位与认同"，是李登辉定下的"外交方向"，陈水扁上台后更是花了不少心思，玩出了许多新花样。台湾

当时经济景况不佳，但在台湾当局的"政府预算"中，"外交部"仍为"台湾民主基金会"注入了1.5亿新台币的款项，为"世界自由民主联盟"、"亚太自由民主联盟"等7个单位提供1.13亿元新台币的活动经费。同时，台湾"外交部"还赞助非政府组织负责人赴"国际医疗援助组织"及"国际移民及健康中心"进修，筹组"人权访问团"，补助"无任所大使"及相关非政府组织前往加拿大多伦多参加人权研讨会，等等。

台湾前"外交部长"田弘茂称，台湾此举意在与全球各种非政府组织加强互动，以推动台湾"成为国际间非政府组织的亚太据点"。

（二）打"民主牌"的背景及企图

近十几年来，国际形势发生了深刻变化。在世界多极化、经济全球化和区域化的推动下，国家、民族间的相互依赖不断加强，"民主、对话、和解、合作"已成为新的主流思维，"人权、民主"被接受为普世价值。台湾当局认为，在这样的时代背景下，台湾拓展"外交"的环境已经呈现出崭新的面貌，国际大环境为台湾打"民主牌"提供了良好机遇。再加上台湾当局其他"外交"手法屡遭挫折，"民主牌"于是成为其拓展对外关系的利器和纾解"外交"困境最为便利可行的"外交资源"。台湾打"民主牌"，有其深层次的考虑：

1. 取悦美国

台湾依附美国是众所周知的事实。取悦美国，获得美国的支持，是台湾历届"政府"既定的"外交"政策。

近些年来，美国政界及学术界普遍认为冷战的胜利是自由民主制度的胜利，一些评论家提出，对外输出和促进自由民主思想应当成为冷战后美国对外政策的核心。克林顿上台后，正式将"民主和平论"与美国对外政策相结合，宣称"民主国家并不互相进行战争"是"颠扑不破的真理"，"民主国家应该在贸易和外交上结成更好的伙伴"。随后美国国家安全顾问安东尼·莱克进一步将"民主和平"外交具体化。他认为美国的安全决定于外国政体的性质如何，并提出美国今后将用扩展民主战略代替冷战时期的遏制战略。"民主和平论"与美国对外政策开始融合，并成为美国对外战略的重要理论支柱。

陈水扁利用美国的这一变化，上台后反复强调"人权、民主、人道主义"，称台湾与美国都是国际"自由、民主"的捍卫者，利用其所谓的"民主"形象来迎合美国的政策调整，取悦美国。

2. 稳固阵脚

2000 年"3·18"大选之后，陈水扁上台主政，台湾政坛出现三分天下的局面。陈水扁虽然在"三强"激烈竞争中获胜，但得票率并不高；在"立法院"中，民进党"立委"人数也少于泛蓝政党；除此之外，陈水扁所属的"正义联机"系统在党内也属少数派，陈水扁所推行的党政分开、"全民政府"和"新中间路线"与民进党理念及其私利冲突，加之党内派系争权夺利等，都表明陈水扁执政实力严重不足。国民党虽失掉政权，但在"立法院"仍拥有相当席位。宋楚瑜则挟第二高票的人气成立亲民党，民意支持度一直居高不下，成为与国、民两党鼎足而立的第三大政治势力。再说，国亲两党毕竟"同根生"，在"国家认同"、大陆政策等重大问题上共识大于分歧，与民进党则分歧大于共识，故合作的空间极大，特别是国亲整合后，连战与宋楚瑜正式合作，对陈水扁形成强大的制衡压力。台湾的这种政治格局，决定了陈水扁无法包揽所有的政治资源，执政基础也并不牢固。

为凝聚岛内民众共识，稳固阵脚，陈水扁当局打出"民主牌"，宣扬台湾的"民主"成就。以"民主牌"来推动所谓的台湾"务实外交"，无论是一般民众、在野各党还是民进党内部，对此都不可能有太多异议，也不会反对。这对陈水扁加强统治，巩固执政根基，塑造"总统"形象无疑具有重要意义。

3. 贬损大陆

台湾当局在打"民主牌"的过程中，无论是在国际还是岛内宣传上，都极力标榜自己，贬损大陆。

台湾当局心明肚亮，以"民主"来攻击大陆，其实说到底就是配合西方对中国大陆的所谓"和平演变"的战略，充当西方对中国大陆战略的马前卒，既便于获取西方的共识与支持，也体现所谓的"有为才有位"的价值观，获得西方赏识，便于台湾走向国际，实现"台湾独立"。

台湾当局还明白一个事，其推崇的所谓"民主"，实质上是西方式的"民主"，不同于中国大陆实行的适合中国国情的民主制度。他们大肆鼓噪，两岸即使统一，必须在"民主"的基础上实现统一，而这个西式的所谓"民主"，大陆显然是断然不会同意的。这样一来，台湾就将阻挠两岸统一的责任推卸到大陆这一边。

另外，台湾当局还利用"民主牌"在岛内及国际上妖魔化中国大陆，贬损中国大陆的形象，从而在一定程度上阻碍或拖延两岸统一。

（三）台湾"务实外交"中"民主牌"的困境

显而易见，台湾当局的"民主牌"作为"务实外交"的一种策略和手法，与"务实外交"中的其他手法一样，始终是为其所谓"拓展国际空间，凸显台湾国际"策略服务的。只不过这个手段更具欺骗性，也更能获得一些对中国大陆怀有敌意的国际势力青睐，因此比起台湾的其他"外交"手段，影响也就更为恶劣。

但是，台湾"民主牌"与"务实外交"的其他手法一样，在推行过程中也面临着许多困境。尤其是伴随着中国大陆国际地位的不断提升，海峡两岸人民盼和平、盼发展的诉求越来越得到国际社会广泛的认同，在那些不利于台海安全，有悖两岸的核心利益的险恶用心下，打什么牌都是不灵光的。

首先，台湾在国际上打"民主牌"，其所津津乐道的"民主"，仿效的是美欧等西方国家的模式。而国际政治现实多种多样，不同的国家与文明有不同的民主价值与制度，西方的"民主"价值体系并未获得世界的一致认同，这就决定了台湾当局的"民主牌"只能针对少数西方发达国家，只能让西方国家叫好；而对众多的发展中国家及与西方"民主"价值体系相异的国家都无能为力，甚至遭受唾弃。不仅如此，即使是在西方"民主"国家里，多数目前都奉行现实主义外交策略，从对华关系大局出发，不与台湾当局进行官方往来，使其以"民主"名义进行的分裂活动屡遭挫败，2001 年法国和丹麦均反对陈水扁赴施特拉斯堡领取"自由奖"，就是其中一个例证。可以这样说，在当前国际态势里，台湾的这张"民主牌"永远不可能成为"台独"的挡箭牌，它绝不可能挽救"台独"！

再说，台湾当局宣称的"民主"，是以抽象民主来混淆实质民主，在实践中并不能真正代表大多数台湾人民的利益。西方"民主"实质上的弊端，再加上台湾"民主"的劣根性，使台湾的"民主"有许多经不起深入检验的地方，有许多让人啼笑皆非的"奥步"与"乱象"。

陈水扁上台后，这一点表现得更加明显，"民主"与"主流民意"只不过成了陈水扁独断专行、鼓动"民粹主义"的武器而已。当人民期盼两岸关系稳定健康发展的时候，陈水扁却抛出"台湾要走自己的路"、台湾与中国大陆是"一边一国"、"（台湾独立）有公投的急迫性"等激进的"台独"言论，加速推动"台独"路线，导致两岸关系危机重重，完全违背了"求和平、求安定、求发展"的主流民意；当两岸人民期盼尽快实现直接"三通"时，陈水扁却称"三通"不是台湾的"万灵丹"，通过种种手法反对两岸直接"三通"，于是 70% 以上希望开放两岸直接"三通"的主流民意成为极少数当权派的牺牲品；当人民期盼族群融合、建立祥和社会的时候，陈水扁与民进党却在不断制造族群对立，鼓动"民粹主义"，将台湾人民分为"爱台湾"与"卖台湾"、"香港脚"与"台湾脚"、台湾人与中国人，加深族群矛盾；在宣讲"人权"的时候，又对嫁到台湾的大陆新娘实行歧视政策，其程度"已经超过任何民主国家合理的范围"。因此，台湾部分民众、民间或慈善团体在从事对外活动时，表示希望"政府"免于干涉他们的民间活动，在一些国际场合也刻意与"政府"部门保持距离，以示自己的"清白"。

　　民进党在国际上以"民主牌"为幌子推行"务实外交"，无非是花样翻新，旨在获得"国际同情"与支持、"拓展国际生存空间"，提升与美日等国的实质关系，最终在国际上制造"两个中国"、"一中一台"，实现"分裂"图谋。但由于诸多限制，台湾的"外交困境"并未因此而得以纾解。只要台湾当局的"务实外交"不改弦易辙，纵使花样再翻新，手法更多变，也是无济于事的，必然会遭到包括台湾同胞在内的全体中国人民的反对，也不会为国际社会所接受。

第三章　台湾选举制度设计与"选举主义"陷阱

一、对选举的过度崇拜

2012 年 1 月 14 日早晨 8 点，在凤凰卫视工作的台湾女孩竹幼婷，专门乘飞机赶到台湾——别无他事，仅为中国台湾地区领导人的选举投出个人的一张选票——两天后返回单位上班。据她本人的说法，"这是值得庆祝的一天，这是神圣的一票，如果某人因为那一天我没投这一票而落选，我就是历史的罪人"。

很显然，2012 年 1 月 14 日的这一天，多少台湾人就像竹幼婷那样按照自己的意愿，投下自己"神圣的一票"，选择出自己所认同的地区领导人，并为这一票而欣喜，为这一天而庆贺。这让人们看到"台湾民主"确有其进步的一面，但也将其更加真实的一面呈现给世人——台湾对选举的过度崇拜、台湾民主泛化为"选举主义"之后，浮现出了许多弊病和陷阱，正在把台湾的"民主政治"异化，引向新的误区和怪圈。

现代民主是以选举为基础的，但如果仅仅把民主简化为选举，选举简化为选票，选票简化为多数决定，那么奠基于宪政的民主就会被简化为投票的统计学。这种民主政治的简约主义将会导致民主的异化，民主的工具意义大于民主的价值意义，选举发生了扭曲。

应该看到，在台湾地区民主化进程中，尤其在 2000 年政党轮替后，台湾地区民主的实质内涵并没有明显进步，甚至在某些领域还有倒退的现象，呈现出一些治理危机。一些学者认为，台湾地区"在民主的实践过程中，整个社会几乎不存在任何理性的沟通机制，使得民主朝向了'恶性的异质化'方向发展"。其主要原因之一就是对选举的过度崇拜。

民主通常应符合广为接受的四原则："人民主权、政治平等、大众谐商及多数统治"。在任何政治制度之下，公民选举都只是民主的一部分。当代民主思想奠基于西方哲学家卢梭所提出的"社会契约"精神——"公意永远是公正的"。从规则上来讲，即多数人的意愿表决构成民主的一种实现形式，"以多数裁定为民主决策的关键性原则"。经过选举来分配政治、社会资源，部分权力来自于选民，确实在一定程度上体现了民众的当家作主，也使官僚机器不得不正视民众的意愿，为选民服务。从本质意义上来看，则可以理解为：民主是为了实现大多数人的实际利益。真正的民主应当是建立在多数裁定原则基础上，通过复杂的系统保证人民、公民能作为国家、社会和自己意志主人的社会状态。因此，选举只是实现民主的一种方式，并非仅仅采取了"多数裁定"就等同于民主。欧洲在这方面实在有着太多的教训。拿破仑称帝、他的侄子波拿巴称帝、希特勒上台，都是全国一人一票直接选举的产物。事实上，"二战"后的德国实行间接选举就是要避免魏玛共和国的覆辙。

在台湾"民主政治"外表之下，许多严重的社会和政治问题正在酝酿发酵，台湾当局标榜的"民主体制"和"民主政治"究竟是什么样子，自然不应该只是"民主选举"吧？这个问题，引起海内外一切关注岛内政治发展人士的高度关注。

从国民党退台实行威权统治，到今天的开放选举，民选体制在台湾历经 60 余年才得以生根发芽，渐次巩固，形成现状。有理由认为，台湾的民主选举仅仅实现了某种程度上的"程序正义"，远远还没有达到"实质正义"的水平，其在实际的运行中，将民主演变成了简单的投票统计，已经发生了实质上的扭曲和异化。

二、台湾政治文化视野下的选举制度

有学者认为，台湾的民主选举主要存在三大问题：一是频繁的选举、过度的动员令民意不堪重负，候选人轻诺寡信嘲弄了多数台湾选民的激情与诚意；二是新闻媒体公信力大打折扣，为台湾民主铺路少，添乱多，具体表现为，舆论监督职能抛之以九霄之外，置入性营销则泛滥成灾；三是选举文化光怪陆离、无奇不有，抹黑、造谣、做秀年年上演，候选人落泪、下跪等招数齐出，恶性人身攻击司空见惯，贿选行为如荒草丛生。

"选票决定权力，权力派生利益，政治围绕选举走"，台湾陷入了以"选举"为中心的政治生态之中。台湾民主政治制度这种异质发展，有着深层次的政治文化根源，主要包括台湾选举文化的多重影响、政治体系结构客观上的缺陷，以及民众政治参与的心理、行为偏差。

（一）台湾选举文化承袭了中华传统政治文化中的糟粕

台湾学者龙应台曾引用卡尔·波普在 1954 年的演讲：制度"如果没有传统的支持，往往适得其反"。在龙应台看来，"使民主制度落实可行的传统文化，在台湾的历史环境里非但不是一个可以补充民主制度的力量，反而是一个必须克服的障碍"，"独裁体制没有了，而议会依旧'自肥'，这时候云消雾散，问题的症结才暴露出来，是文化，不是政治"。台湾政治的发展，根植于中国传统政治文化的发展。

台湾与大陆同根连理，地缘、血缘使台湾政治文化蕴涵着浓厚的中国品格，人们心理深处普遍积淀的思维方式、解读规则、评价模式，在本质上同大陆的人们异曲同工。台湾地区政治文化乃是中国政治文化大系统中的子系统。要对台湾的"民主政治"、"选举文化"溯源的话,首先就当直指中国传统文化。

应当看到,中国传统文化博大精深,其政治文化也无比丰富、源远流长。但不可否认,中华传统文化,包括政治文化中,也有着腐朽的,诸如"伦常、关系"等政治基因。而从台湾自身历史上看,与大陆不同的是,台湾并没有经过"五四"和"新文化运动"的洗礼,对中国的传统文化,包括政治文化,并没有能够做到"去糟粕、取精华"的处理与沉淀。加之,蒋介石败退台湾后,为了"正名"自己,维护其"正统"名分,对中国传统政治文化中的"尊尊"、"亲亲"等封建等级思想推崇备至。于是乎,这些封建的腐朽政治基因在历史的长河中渐渐渗透到台湾地区民众的政治血脉之中,成为始终影响着台湾民众的政治生活、政治行为的一个重要因素。

1. 伦常政治

政治伦常化是中国传统政治文化一个最显著特征。尽管台湾社会历经政治革新和政治生态巨变,宗法血缘在物化的政治体系中已经没有具体的制度化形态,但仍被抽象为一种观念、价值来调节人们行为,人们依旧囿于"用道德伦理的思维方式、价值原则以及情感需求来处理所碰到的一切政治问题",而"不是着眼于法律与法治,或者说法律与法治在一些关键时候不得不让位于道德伦常"。1949年国民党败退台湾后,为显示其中国"正统"名分,蒋介石就宣扬中国传统文化中的"四维八德",他认为"礼仪廉耻,国之四维;四维不张,国乃灭亡……四维既张,国乃复张"。他"对三民主义的讲解都是以礼义廉耻和明明德为其归宗,或者干脆说三民主义就是礼义廉耻"。追本溯源,分析蒋介石的"四维八德"和重新诠释"三民主义"主张之所以能出台的一个基础性的心理支撑,就是台湾社会政治生活伦常化。换句话来说,就是这种伦常化的政治价值取向在台湾民众政治生活中依旧占据较重分量。

台湾学者黄光国认为,台湾民主主要是受到传统儒家的"尊尊法则"

与法家的"生法者君也"这两个意识结构影响。所谓"尊尊法则",意指在"社会交往的过程中,应当由位居高位的人来做出决策";"生法者君也",即认为"掌握权力的统治者可以运用法律操纵人民,自己却可以置身法律之外"。台湾社会中的这种意义结构,结合西方民主制度后,使得获得选民支持的人,就成为人民的"精粹",受到人民的崇敬(尊尊法则),并可以超越法律的束缚(生法者君也)。当一个组织或社会中的政治人物都是这种心态,就形成这个组织的"内部文化"(internal culture),整个社会民粹风气蔓延,民意至上、不重法律、违法乱纪,就成了台湾所谓"民主"的乱象,甚至就出现"民主外套下的专横"。李登辉在台上时的强势与专横,下台时的"教父级"影响,以及陈水扁在台上时的"霸道"、"专行",就是其具体的表现。

2. 关系政治

中国传统政治文化非常注重社会和谐与人际关系,作为其分支的台湾政治文化也秉承了这一特征。台湾学者黄光国就情感性关系、工具性关系以及混合性关系来分析中国人(以台湾为研究样本)的权力游戏时说,"在像中国这种关系取向的社会里,个人所拥有的社会关系也是一种重要的权力"。这使关系本身就成了一种社会价值。为了要在社会权威价值分配中占有一定份额或优势,"拉关系"就成为非常重要的工作。

通常人际关系的基础可以归纳为7个方面:地缘、血缘、同事、同学、结拜兄弟、姓氏以及师生关系。然后,以此拓宽,逐渐把人际关系网"扯得更大,撒得更开"。可以说,这7种关系基础在台湾的政治生活和社会生活中的不同方面发挥着举足轻重的作用,影响着台湾政治的格局和走势。在当今台湾政治权力角逐激烈的情况下,由于民主的发展不完善,它们就有被利用的余地和价值。有人说,"当前台湾的民主很大程度上是关系的民主,选举的成败受关系的直接影响。"这是一针见血的!当然,随着台湾社会的工业化和民主化的发展,民众参与政治的独立意识增强,上述关系基础在政治生活中的影响正日趋式微。

3. 派系政治

中国传统的对家国与族群认同的严格要求及对人个性的漠视很容易诱发效忠——恩庇主导的政治派系及组织活动。

派系的起源，有经济与社会的因素、文化传统的因素，也有制度设计的因素。西方学者认为，政党内部的派系具体可以区分为同好型派系、恩庇——侍从型派系和制度化派系。前两者常见于西方政治生活，但在包括台湾在内的东亚地区，政党内部更多地存在着的是非正式的恩庇——侍从型的政治传统。

放眼台湾政坛，无论是国民党还是民进党，内部派系斗争始终是束缚理性政治的一种羁绊。只是有的政党内部派系是显性的，而有的是隐性的，有的承认派系合法，而有的则不予承认。但无论如何，只要政党内部权利与资源的分配和使用存在私相授受的非正式情况，非正式的派系就会干扰政党正当的组织运作。

纵观历次台湾选举，无论是"总统"选举还是"立委"选举等等，派系支持始终是衡量一方实力的关键因素。如在 2010 年"五都"选举中，民进党籍高雄县长杨秋兴志气满满一心参选高雄市长，一度向另一党内参选人陈菊下战帖，呼吁陈菊"不要躲在派系及年轻人背后，以掩饰自身的施政侏儒"，与其进行公正的电视辩论。但陈菊在党内威望较高，受到各派系支持，最终轻松获得党内正式提名。

（二）西方政治文化深刻影响台湾选举文化

在中国近代历史发展中，由于特殊的历史遭遇和生活经历，台湾社会由于受日本、美国和一些西方国家的影响更为直接，已逐渐积淀出相对独特的政治文化禀性。具体而言，主要是近代受到海外文化的冲击、本身区域发展的不平衡和复杂多样的族群结构、政治事变等因素的影响，导致该地区在对中华政治文化糟粕部分进行恶性继承的基础上又受到西方政治文化的负面影响。

1. 日本殖民影响

甲午战争后，日本开始了对台湾半个世纪的殖民统治。日本殖民者在文化上推行同化政策，以实现奴化、"皇民化"的战略意图。"皇民化"教育对台湾社会造成的后果极为严重。首先，对许多台湾人来说造成心理创伤是不言而喻的，台湾人自比为"亚细亚孤儿"，那种情感体验更是进一步深化了台湾人的"悲情意识"；其次，对台湾人的国家认同、归属危机的产生更是难辞其咎，"正是由于日本的皇民化教育才导致了今天'台独'思潮的发端，换句话说，日本人是'台独'的罪魁祸首"。作为"皇民化"教育成功范例的李登辉曾经放言："20 岁前是日本人"、"生为台湾人的悲哀"。这种媚日情结多散布于一些知识分子和工商人士等社会名流之中。

国民党败退台湾后，其专制统治进一步加深了台湾民众被迫害的情结和民怨，甚至使台湾一些民众产生了"背祖"的逆反心态。日本统治台湾50 年在台湾民众中所造成的"日本式的世故人情"，"日本的文化情结"等社会现象，也随着国民党统治时期日台关系的发展而得到保留。中日建交后，日本右翼通过东京的"台北经济文化代表处"，继续对台湾社会进行渗透。在 20 世纪 90 年代，台湾社会中甚至出现明显的背离祖国大陆的思潮，其背后仍然离不开日本背景。

2. 美国文化熏陶

西方文化在台湾选举文化的形成和发展的过程中起着举足轻重的作用。当年"中华民国"的建制和前景就是依欧美为范本的，尤其是国民党政权败退台湾后，在冷战的国际大背景下和两岸对峙的现实中，为了苟延统治，全面恢复其"法统"地位，不得不借助于美国这个保护伞，更加依附于美国。这样，在美国政治、文化的压力和亚洲第三波民主化浪潮的冲击下，20 世纪 90 年代以后，"民主政治作为一抽象理念，也随着这铺天盖地而来的民主化浪潮深植人心，越来越难动摇，不论任何政治领袖、统派、独派、分析家、活跃分子，都必须从民主的语言中为他们所偏好的政体或国家理念作辩护"。台湾政客当然必须投桃报李，推进"民主建设",如今就民主制的核心——选举制度来看,其程序、规范建设逐渐趋同于美国。

本质上,台湾地区所谓的民主政治就是一种植入性、依附性甚至是功利性的民主,其民主是在美国压力之下强加进来、不得不为的结果,因此也可以说是一种受美国文化熏陶的民主,是一种更加依附于美国的民主。

而对美国而言,压迫和扶持台湾实现民主转型,更多的是为了实现其"和平演变"中国大陆的目的。换句话说,美国的真实意图是以台湾的局部之变来衍生中国大陆整体之变,以台湾的先行之变来衍生中国大陆后来之变,即通过对台湾的"民主化改造"来促进中国大陆迈向西式"民主化",最终实现其"演变中国"的不可告人的险恶用心和政治目的。换句话说,美国文化影响台湾既有历史的客观性,也有人为的主观性。从某种程度上来说,台湾只不过是成为了美国为钳制和影响大陆而被利用的一颗政治棋子。

(三)本土政治文化的内在发展

台湾民主政治的复杂性,除了上述分析的原因外,其实还应该在台湾本土文化和社会心理上找原因。无论如何,外来因素只有通过自身内部的因素才能真正起作用,催生出台湾这种异质发展的"民主政治",并使它显得错综复杂,本土文化的影响以及民众政治参与的心理、行为偏差,是显而易见的。

1. 悲情意识

近400年来,台湾先后经历过西班牙人、荷兰人、清政府、日本人、"国民政府"(国民党当局)的统治,虽然不同的人具体感受不同,而且这些"统治"的性质各不相同,但对大多数台湾人来说,都算不上什么愉快的记忆:台湾人总是不能当家作主,掌握自己的命运。尤其是近百年来,在日本人的统治下过着"次等国民"的生活;在国民党威权统治下更受到外省官僚集团的"政治歧视"。因而,在很多台湾人内心泛起一种难以名状的"悲情意识"。这种情感从台湾闽南语的文艺作品中体现得淋漓尽致。20世纪40年代台湾作家吴浊流创作长篇小说《亚细亚的孤儿》，寓意台湾在日本统治下就像被抛弃一样孤苦无依。1983年，台湾歌手罗大佑创作同名歌曲，在岛内风靡一时。"亚细亚的孤儿在风中哭泣，黄色的脸孔有红色的污泥，黑色的眼珠有白色的恐惧，西方在东方唱着悲伤的歌曲……"。

这种情感反映在台湾民众的政治选举上，激发了强烈的"出头天"思想，在政治取向中夹杂了强烈的族群认同和悲情情绪。这种情感在陈水扁的当选中体现得淋漓尽致。那个时候，陈水扁的竞选团队已经很熟稔地利用了这种"悲情情绪"，竭力把陈水扁塑造成"台湾本土代表"。当陈水扁"被塑造"、"被神化"，而上升到"台湾之子"的高度之后，理所当然地就获得了台湾本土部分民众的鼎力支持。

2. 威权残余

台湾的民主转型走的是"上下结合的妥协型"道路。从好的方面讲，台湾的政体转型过程比较平顺；但从另外一种角度来看，这也导致了旧体制退出历史舞台的缓慢性和不彻底性，意味着台湾民主改革的社会成本是以"分期付款"与"连本带利"的方式支付的，民间社会还未完全走出专制主义政党掌控的阴影，就再度受到恶质化政党竞争的挤压与污染。

在政治传统上，威权体制时期形成的"黑金政治"不但没有得以清除，反而愈加严重。在台湾，选举一定程度上是有钱人的游戏，当选代价高。要参加竞选，首先就得组成竞选班子，组织各种拜票活动，没有银子行不通。加上选举制度不健全和选民素质参差不齐，参选人"买票"现象时有发生。"每选必贿"、"无贿不成选"成为常态。典型的有，在2004年，高雄县"议会"44名"议员"中有18人因贿选失去资格，引发台湾选举史上最严重的一次补选案。

贿选严重影响选举的公正性，引起台湾舆论界的不满和抨击，反贿选的呼声不断高涨。但从另一个角度看，正是因为贿选盛行，如若贿选不盛行，反贿选又何须呼声高涨。虽然民进党在"总统"竞选之时喊出了"打倒黑金派系政治"的口号，但待其上台之后，不仅没有兑现自己的政治承诺，反而有过之而无不及地继续大行黑金派系政治的那一套。陈水扁复制了国民党执政时期产生的"党国资本主义"，以权力网络逐步吸引金脉，再以所吸金脉布线巩固权势，实现"以则养势、聚势敛财"。上起"国政顾问团"，下到各类挺扁企业，"第一家庭"和"总统"亲信与财团的关系密切，早已欠缺分际。扁家弊案的爆发，不但揭发出当权者和接近权贵者的贪婪与不自制，更突显了政商关系的混乱，"黑金政治"难以清除。

简言之，旧体制的弊端没有得到彻底的涤荡，大量顽固的专制主义残余仍然存续下来，渗入了新生的脆弱的民主政体之中，而台湾民主化所选择的西方自由式民主模式的固有弊端，在台湾极不成熟的民主政治生态环境下充分暴露了出来，两股恶流相匀搅和，腐蚀着整个社会肌体，滋生了一系列问题，使民主的发展严重变质。

3. 媒体煽动

随着两岸交流的逐渐开放，我们越来越多地看到，台湾各级议会、竞选集会和群众街头运动中的谩骂、哭泣、拉扯，甚至拳脚相加等刺激性的画面屡见不鲜，而这些画面基本上都是由台湾本地的电视台制作提供的。有学者把这种现象称作"煽色腥"。"煽色腥"是英文"sensationalism"的直译，在新闻领域则主要是指新闻报导强调暴力、色情、曝露隐私等追求感官刺激的各种手法，尤其是对暴力和色情诉求的煽动。

一方面，这个问题被解释为台湾民主政治尚不成熟，即所谓的"台湾民主政治还不成熟"论。这种论点认为，问题的根源在于台湾的政治文化"还在青春期"，且"荷尔蒙失调"，也就是说台湾大多数民众才从国民党威权统治底下解放出来未久，在政治意识上还像个青少年，尚未学会如何安分、平和地过民主的生活。媒体迎合的只是"这民主参与还不成熟的大众的口味"而已。

但我们还应该看到，另一方面，媒体在迎合大众口味的同时，其实也在反向塑造着台湾的政治文化，给台湾的民主政治吹来一股"歪风"。反映在选举活动中，往往就是，色情信息、人身攻击、小道消息泛滥等等。譬如，在 2006 年高雄市长选举中，陈菊阵营在投票当天抛出疑似"走路工"光盘，指控对手黄俊英阵营通过绰号"黑松"的男子，在游览车上发放贿款。这，被认为是影响选举结果的决定性因素。虽然事实最终得以澄清，但选举已过无法挽回。又如，在 2010 年高雄市议员选举中，《壹周刊》爆料陈致中于 7 月初与一名绰号妮可的应召女郎，在某汽车旅馆开房。且不论事实真假，此事在当时台湾社会引起强烈反响。由此，台湾的选举之风可见一斑。

三、台湾选举制度的演变及缺陷

要问当今的台湾社会什么时候最热闹？那就是"选举的时候"。选举期一到，台湾社会到处"像赶庙会一样热闹"。而且，当今台湾的选举不仅场面热闹，其选举的层次与项目也多，一个选举期"顶着"、"压着"一个选举期，使得整个社会就像是一个"选举的社会"，选举显得特别的繁多而热闹。

就选举层次来说，台湾的选举可以分为两个层面，一是所谓"中央"级的选举，二是"地方"级的选举；就选举门类来说，可分为"行政首长"选举和"民意代表"选举两类。具体可分 7 项，其中"行政首长"类选举 5 项：最高级别的是所谓"总统、副总统"选举；其次是"省、市长"选举，即台湾省及台北、高雄两直辖市的行政首长选举（1999 年起台湾"省长"不再民选，并改称"省主席"，2010 年直辖市增为 5 个）；再次是省辖的县市长选举；再下面还有县辖的乡、镇长选举；最基层的是村、里长选举。民意代表选举有两项：一是"中央民意代表"即"立法委员"和"国大代表"的选举；二是"地方民意代表选举"，包括"台湾省议会议员"（1999 年起不再民选，"省议会"改称"咨议会"），县市议会议员，乡、镇、县辖市市民代表会代表。

台湾选举制度自然主要是参照西方民主国家，但也根据台湾的特点作出了一些有特色的规定。可以说，台湾整个选举制度有一个历史演变过程，有其适合台湾社会的优点，也存在诸多的缺陷。

（一）台湾选举制度的历史演变

国民党退台后，长期实行一党专制的政党政治模式，国民党在台湾政治、经济、社会生活中处于核心地位，垄断着政治资源和政治权力，其他政党只是国民党政权实行所谓"政党政治"的陪衬而已。到了 20 世纪 80 年代后，台湾才开始政治转型，其间伴随着在野势力的崛起，以及国民党实行"党务革新"和推动"宪政改革"，以选举竞争和政治制衡为主要内涵的西方民主政治形式的政党政治，开始成为台湾政治运作的主要形态。

从政党发展和选举竞争的角度来分析，台湾的选举大致可以分成三个阶段：

1. 垄断型选举阶段（1950—1968 年），国民党与无党籍选举的竞争时期。从 1950 年 4 月"行政院"公布"台湾省各县市实施地方自治纲要"，台湾省以下各级公职人员选举，分区分梯次进行，从 1950 年下半年至 1951 年上半年，全省 21 个县市的首长及"民意代表"产生，1951 年 10 月 18 日由各县市议员选出 55 名临时省议会议员，1954 年第二届开始直选，1959 年第三届取消"临时"两字，正名为"台湾省议会"。在此阶段，只有地方选举，没有"中央"选举，政治竞争的特征是地方基层性的选举。在这个阶段，"垄断型"主导选举结果，是"被提名，即当选"的"生产者导向时代"。

2. 寡占型选举阶段（1969—1990 年），国民党与"党外"选举的竞争时期。20 世纪 60 年代末期，"中央民意代表"20 多年未曾改选问题逐渐成为社会关注的焦点。于 1969 年开始办理的"中央民意代表"增补选，在 1972 年则成为一种潜在的势头，使选举的层级由地方提升至"中央"

（部分开放）。在此阶段，党禁仍然存在，但已有限度地开放"中央"层级的增额"民意代表"选举，政治竞争的特征是局部性竞争。在这个阶段，国民党开始感受到一个新"品牌"的准政党，正从地方逐步包围"中央"的压力，但国民党还能"寡占型"地决定选举结果。

3. 完全竞争型选举阶段（1991 年至今），国民党与其他政党（主要是民进党）选举的竞争时期。此阶段开始，除了 1994 年举办台湾省长选举及 1997 年"冻省"后停止台湾省议会议员选举，台湾选举的层次和范围，从地方到"中央"逐渐全面开放，不仅"中央民意代表"全面改选，省市长民选，甚至"总统"也经由民众直选。从此以后，政治竞争的特征转变成组织化的竞争，开启了政党之间竞争选举的时期。到了这个阶段，国民党已是"被提名，未必当选"情况，选举已进入"完全竞争型"的"消费者导向时代"。

根据台湾的政治体制，在野党要取得政治权力有三个主要的选举战场：第一个战场是经由"直辖市"及省辖县市长选举，决定地方政权的归属；第二个战场是经由"立法委员"的选举而对"行政院长"具有倒阁权、预算审查权、监督权和"立法权"的"国会"，这是属于"中央"层级的权力；第三个战场是经由"总统"的直接民选而决定执政权的归属。

（二）台湾选举制度的设计缺陷

民主选举是一种良性竞争，其目的是引导选民做出理性抉择，具有化解争议与矛盾的功能，而非制造新的矛盾和对立。但在台湾的选举氛围中，选举文化的恶质化、低俗化却是台湾"政治民主化"进程的特色。台湾政客对煽动历史悲情和省籍族群矛盾似乎情有独钟，非理性的人身攻击、谩骂、造谣、抹黑的"口水"满天飞，甚至出现超越职业和伦理道德范畴的言行，使之"乱象"丛生，台湾的政治难以实现稳定。之所以出现这种局面，原因是多方面的，但也与台湾地区特殊的选举制度文化分不开。

2005 年台湾"任务型国民大会"通过第六届"立法院"提出的"修宪案"后,台湾实际采用了分立式的"单一选区两票制",这对大党分配席位更为有利,台联党、亲民党、新党等小党在这种选举规则下将趋于边缘化,台湾两党政治的发展方向已经非常明确。参照其他两党制国家的政治运作经验,我们可以预见国民党、民进党两大政党为了争取选民在政策议题取向上会出现"向心竞争",产生了新的竞争趋势,其实也制造出了新的矛盾。此外,"区域立委"选举采用"单一选区相对多数决制"后,"立委"候选人为了争取选民支持不得不放弃激进的政治主张,更加重视民生等经济和社会问题,依靠小额固定选民获胜的政党将逐步退出政治舞台,压缩了一些"政治泡沫与水分",但也留下一些"硬伤"。

选举制度往往会影响候选人的参选动机、竞选方式、选举策略、选民的投票行为,甚至形塑出不同类型的政党制度。长期以来,台湾地区在选举"区域立法委员"以及县市议员时,采用的都是"复数选区单记不可让渡制"(Single Non-Transferable Vote,简称 SNTV)。它的特点是:

1. 采用复数选区。选区名额大于 1,习惯上 2—5 名候选人的选区称为中选区,6 名或 6 名以上的称为大选区。

2. 选票"单记"。每个选民只能投一票,即使中意几个候选人,也只能选一个。

3. 选票不可让渡。无论当选者超过当选所需票数的多余选票还是落选者赢得的选票,都不能转移给同党或同联盟其他候选人,形同废票。

4. 有利小党生存。理论上来说,如果在选举中出现一两位候选人得票过高,即所谓的"吸票机",或出现过多候选人参与的"选举爆炸"的情况,那么候选人实际当选所需的票数"门槛"会大大降低,这为小党生存提供了制度性的优质土壤。如 1992 年"立法委员"选举,因赵少康在所在区第一高票当选,竟出现其他候选人以不到 3% 的得票即当选的现象。

5. 催生地方派系。这种选举制度,使得候选人只要赢得固定的支持者，即使不顾该选区大多数人的诉求，也可能当选。这样的制度可能会造成地方派系长期存在和纷争。

众所周知，选举制度是将个人意愿汇集成整体意愿的程序，是民主政体反映民意的主要机制。在此意义上，选举制度就不仅仅只是一种计票方法，在同样的情况下，不同的选举制度设计往往会产生不同结果。细分析，就可以看出这个"复数选区单记非让渡投票制"存在着严重的"制度缺陷"，其最主要缺点具体表现为五个方面：

1. 制造党内竞争。该选举制度往往造成党内竞争（Intraparty Competition）比党际竞争（Interparty Competition）还要激烈。候选人在竞选期间的主要敌人不是别党的候选人，而是与自己争取相同票源的同党候选人，"挖同志的墙角"的自利战略考虑远超过为自己政党"枪口一致对外"的竞争精神。这也是每经过一场选举下来党内同志反而渐行渐远甚至产生龃龉的原因。

2. 派系桩脚温床。同一政党所提名的数位候选人为争取同一选区的选票，每位候选人凸显派系色彩以做出与同一政党的其他候选人不同的区别是非常重要的竞选手段。因此，候选人向派系靠拢，派系也因选举的成败而壮大、式微或重组。透过复杂的人际关系网络和桩脚系统，派系在"复数选区单记非让渡投票制"选举制度中所扮演的角色有时比政党还要重要。

3. 选人甚于选党。台湾选民"政党认同"（Party Identification）的比例偏低的主要原因之一，就是在此种选举制度下，即使选民认同某个政党，选民还是得在此政党所提名的几位候选人中再挑选一位候选人，因此选人比选党显得更为重要，尤其当这几位候选人在选民心中的评价有巨大的落差时情况更加明显。

4. 鼓励极端激进。根据"中间选民理论"（Median Voter Theorem），在单一选区制下，候选人为求胜选，会尽量向中间靠拢，以期吸引多数选民的认同。但在复数选区制下，由于参选者众多，候选人不必也无须奢望能获得多数选民的选票，因此强调意识形态的差异（如"统独"议题、省籍族群、派系标签、地域宗亲或弱势团体等）也就成为政见诉求的主要取向，以巩固特定少数选民的认同与支持。这种走向两个极端（离心式竞争）而不是移向政治中间地带（向心式竞争）的形态，是造成台湾政局的不稳定相当重要的因素。

5. 贿选买票合理。此种选举制度使贿选买票可能性加大，由于降低当选的得票率门槛，一个候选人只要掌握该选区 5% 至 10% 的选票就可笃定当选。通过派系对该选区的买票回收率的经验计算，该名候选人的"竞选经费"即可统计出来。这也就是为什么政治人物对"选举无师傅，用钱买就有"的哲学深信不疑。

正如台大政治系教授黄锦堂所言："台湾选举乱象的根源就是我们的选举制度，大选区、一票、复数候选人的选举方法，在全世界的选举制度已经是孤儿了，改良选举制度是当务之急。这显示台湾的民主政治，只在形式上进步，在民主内容上，反而是'愚民'，而非'化民'了。"

（三）竞争性政党政治的固有弊端

从目标取向和现实政治运作来看，台湾政治民主化选择的是西方"自由式选举民主"模式。我们固然应该承认这种民主模式具有某些合理内核，是迄今为止人类社会运行最久的、在当今世界上也很有影响力的一种民主模式，但是也应看到这种民主模式是在西方特有的历史、文化、社会土壤和政治生态环境中生成、发展并最终成型的，而且还存在诸多缺陷。

2011 年 8 月份美国两大党的恶斗差点令政府关门。这一事件，让当代人直观地看到，竞争性的政党政治，极易演变为政党不断恶斗，政党利益高于国家利益。这是西方民主的固有弊端。那么，选择和移植这种西方政党政治的台湾，自然也难免这种政党的恶斗，加之台湾的民主环境不成熟，这种政党的恶斗就更让人眼花缭乱，其影响与抵消执政者的决策力是显而易见的，也是台湾地区政治民主中极难根除的痼疾之一。尤其是台湾两大党对立、族群撕裂，便加深了政治矛盾的不可调和性，衍生出一系列的问题：族群政治、颜色政治……这样一来，一个决定、决策，往往不在于它的对错，不在于它的科学性，而只在于它是哪个族群、哪个政党做出的。这个族群的代表人物的说话或做出的决定与决策，遭到另一个族群的反对和攻击，也不是因为这个决定与决策的"对与错"、"科学与不科学"的原因，而只在于说话者、决策者不是"我这个族群"，"我便不能扶持"。台湾的"蓝绿政治"正是这样，蓝营反对绿营，绿营反对蓝营，多数不在于决策的对错本身，而只在于"蓝"必须反对"绿"，"绿"必须反对"蓝"。这样的"颜色政治"，有时真是贻笑大方，也遗害无穷。

还有一些时候，某一政党为了获得执政的权力，会故意激化不同选民之间的冲突，从而对社会秩序造成破坏。这种选民之间的冲突博弈，显然是一种缺乏公共讨论与合作的"自由式民主"，只是将个体的偏好简单地汇集成多数决定，仅仅完全依赖于聚合的程序，这样不但不能提升民主的质量，还将产生武断的集体选择，这些选择不是基于对公共利益的考虑，也不可能对公共利益的需要做出合理的说明，可能只是一种"情绪化"的选择，一种"族群化"的选择。这种民主模式还往往因为"一选决胜负"、"几票论成败"，而会滋生出"选举主义的谬误"和"自由选举的陷阱"。"选举主义"极端强化了选举的重要性，常常诱使政客们去提出那些最能为他们带来选票的诉求，为了选举可能会采取五花八门的手段，其中甚至不乏一些极端的做法。

政治学者认为，真正的民主政治，应在信息公开透明的条件下，依据一定的程序，自由而平等地协商公共政策，进行公开且充分的讨论，通过公共协商赋予决策的合法性，提升民主治理的质量。而在这种竞争性民主体制下，就被演变为"另一个模样"——公民政治的参与性与协商性日益退化，公民的参与局限于定期的投票和不定期的游行示威，等等。

在西方国家，由于整个社会民主根基的厚实以及其他相关的社会、经济、文化制度的健全，尤其是有了理性成熟的公民文化的支持，使自由式选举民主的弊端受到最大程度的约束和规避而未造成明显的社会问题。而在台湾，民主的发展不过20来年的时间，无论对于普通民众还是政治精英，无论对于政府还是社会，民主都是个新鲜事物，大众的民主意识和能力都还有所缺乏，更谈不上有民主的根基与积淀。整个社会系统也没有形成完整的民主体系，与民主政治制度相适应的其他社会、经济、文化制度尚未完善，发挥不了应有的协调、监督和规束作用，因此自由式民主模式的弊端在台湾就充分暴露了出来，特别是"选举主义"大为肆虐。

四、台湾选举主义透视

应当承认，台湾解除"戒严"，实行票选制、多党制，是台湾政治改革进程中的里程碑。台湾人民第一次用自己手中的选票行使政治权利，成为了选民，选票带给他们"出头天"（当家作主）的感觉。选民至少在选举过程中是被尊重了，政治人物对选民的态度较以前颇有改善，选票多少表达了他们的政治诉求，政治地位似乎大为提升。但正如宋鲁郑所言："民主制度最可贵的就是'人人一票，票票等值'。而问题却就出在这里，为什么不能稍微给民众点时间，让大家好好的喘口气，让主政的人告诉大家，到底要把未来带向何处？但选举频繁了，根本没有机会告诉民众。""当家作主"后的台湾民众并未意识到，选票在台湾政治舞台作用凸显之时，却已经被异化为"选票至上"的民主陷阱。

（一）选举主义违背民主理念

现代政治理论认为，民主的实质是以定期的、公开的、公平的、竞争性的选举来选择统治者。"一个现代民族国家，如果其最强有力的决策者中多数是通过公平、诚实、定期的选举产生的，而且在这样的选举中候选人可以自由地竞争选票，并且实际上每个成年公民都有投票权，那么，这个国家就有了民主政体。"可见，选举在民主政治中具有非常重要的分量，从某种程度上说，选举就是民主的核心，这一核心又衍生出民主制度的其他特征，"只有存在着某种程度的言论自由、集会自由、新闻自由，只有反对派候选人和政党能够批评现任的统治者而不害怕受到报复，才有可能进行自由、公平和竞争性的选举。"

正因为选举对于民主制度的重要性，在政治实践中，人们常常认为选举本身就是民主，只要通过选举当选，就具有民意，具有合法性，这种看法往往被称为"选举主义"（electoralism）。选举主义认为，"只要坚持选举就能把政治活动纳入精英分子中间和平竞争的轨道，并赋予获胜者以公开的合法性。"初始民主转型的国家与地区，一般都面临着这种"选举主义的陷阱"，台湾亦不例外，甚至可以说在台湾往往更倾向于认为选举本身就是民主，"选举主义"在这里表现得更加抢眼。

"选举主义的危险在于过分强调选举的竞争性，而忽略了民主的其他维度。"在推崇"选票至上"的台湾地区，选举民主常常诱使蓝绿政治家去提出那些最为他们带来选票的诉求，而这些诉求往往带有种族主义、宗教主义和民族主义的色彩。在政治转型中，选举主义极端强化了选举的角色功能，使选举的工具性意义日益凸显，为了选举，可以朝令夕改，甚至不择手段，其中不乏一些极端做法（民粹主义即为其中之一），而这与民主真谛背道而驰！这种状况在台湾地区尤其如此。

选举虽然是民主的核心，但选举本身并不等于民主，民主并不仅仅是"选举权的普及"。从民主的广度来看，台湾地区已经实现了"总统"直选，这一点令美国显得逊色，因为美国总统是通过选举团间接选举产生的。从民主的深度来看，台湾则望尘莫及，"当今民主国家在这方面所表现的明显的缺陷，主要是很少挖掘潜力，使之朝此方向发展，错误地认为民主就是选举权的普及"。

（二）选票至上造就浅碟政治

由选举产生政府，是民主的重要标尺。人民意志往往能够以投票的形式得以淋漓尽致地彰显。但是，大多数台湾民众除了感受投票所带来的"当家作主"的感觉之外，却忽略了"选票只是实现民主的手段而非民主本身"这一理性判断,从而未能理性看透政客唯"票"是从的怪胎面目,未能认清"选票至上"是台湾政治的乱源。而事实上,政客只见选票,不能着眼政治的长期发展需求,造就了台湾的"浅碟政治"。

毕竟选举政治的驱动因素在于政治资源的重新整合,选举获胜意味着政治权力与资源的合法化,故尔,各种政治力量无一不围绕着选举展开"殊死"搏杀。"对政客来说,赢得了选举票就赢得了一切。为了选票,一些政客轻忽法治,甚至铤而走险,践踏法律。""今日之台湾,唯选举为大,权力与利益都需要通过选票获得,选举成了压倒一切的大事","为了获选,政客们什么事都敢做什么话都敢讲,任何一桩事都成了他们炒作选票的伎俩,他们是以选举为己任,想尽办法骗选票。"选票让政客患上了"短视症",为了眼前利益,政客们可以牺牲长远的政治理念。为了选票,政客可肆意制造"议题";为了选票,政客可以随时放弃政党理念;为了选票,政客可以蹂躏法治。在政客眼中,"胜选"高于一切。为了胜选,他们什么都敢讲,选票让他们忘却了恐惧;为了胜选,他们不惜把两岸人民推向战争边缘,"放弃一中"是台湾政客们的惯用伎俩。选举就像一台吸票机,政客是机器程序的设计者,一切议题都被他们设计出来吸票。无怪乎,有学者云:"颠三倒四的谎言,愤怒与恐惧的情绪,泯灭自己与对手的人格,加总在一起就是选举的全貌",政客无需对自己的言行负责。"政治家避免社会陷入困境,政客则是为了摆脱自己的困境,不惜使社会陷入困境。"这正是"选票至上"理念在台湾演绎的逼真写照!

(三)一票民主虚化公民权利

台湾每逢大小选举,可谓拜票成风,哪怕你是掏粪工,候选人也会紧握您的手。此时此刻,台湾任何选民似乎皆能从候选人伸手的一瞬间找到极度的自信。

从表象看来,台湾选举制度的确让选民感到自豪与骄傲。但是,细一深究,就会发现那是"选票的自豪",而不是"选民的自豪",你手中所握的那一票份量超越了你"作为公民的份量"。就是说，在"唯票是从"的原则之下，选票在一定程度上背离了选民。薄薄的一张选票被赋予过多期待，却忽视了公民社会的建立。过于重视选票，在某种程度上造成了公民平时政治权利的虚化。

就像市场经济过分强调货币的价值和作用就容易产生"拜金主义"一样，台湾地区在结束威权统治之后，选票的价值和作用凸显，再加上选票涉及到政客们权力的分配和个人利益的划分，因而就产生了"拜票主义。"在这种情况下，政治变成了一种"市场"，"政党形同公司，它们在'政治市场'上进行着'政策营销'的竞争"，"公民即形同'政治市场'上的'政治消费者'，他们的投票行为即形同'商品市场'上的买卖选择。"在"选票至上"、"唯票是从"的驱动下，蓝营绿营对打，同室操戈，什么礼义廉耻与正义公理皆不在乎，什么危险与准则都不顾及，而选民最后成了囚徒式的一个代号——一个配票的号码，民主变成了对两种颜色的简单认从，要么"蓝"，要么"绿"，台湾在政客的挑拨之下，整个社会由原来的"中道力量"演化为两种颜色的对立，选票从神圣的政治诉求畸变为异化之体。应当承认，"自由公正的选举对于给予人民自信、反映人民要求有着关键的作用"，但是，"如果民主一词仅仅是在装点门面的意义上来使用的话，选举本身并不必然导致民主。如果普遍地缺乏和解的意愿，仅仅有选举并不能创造出一种民主的文化。"一言以蔽之，选票的异化反映了台湾民主政治很不成熟，公民权利在实质意义上并不能得到表达。

究其选票异化的深层原因，可能是因为台湾公民社会的缺失。美国学者科恩（Carl Cohen）认为，民主有一个前提，那就是要有一个"公民社会"，"无论哪种社会，要实现民主就要求社会成员必须认识到自己是（或被认为是）该社会的成员。"而台湾却是一个族群社会，对"作为个体归属整个社会"得不到很好认同。因此，"面对'为乡不为国'的族群社会，今天的台湾最需要的是普遍而多样地建立因理想性、功能性而结合的'公民社会'、'公民社群'"，这也从另一个侧面反映当前台湾社会在"公民社会"意识缺失的情况下，民主只不过是政客之间相互斗争的形式和幌子，公民权利就在这种形式和幌子下逐步丧失。

（四）胜王败寇损伤民主价值

从上述的分析可以看出，选票是选民进行理性政治诉求的载体，是书写民意的政治符号。选票对民意表达的直接性，常误导人们以为"选票本身就是民主"，特别是在"选举主义"语境下，选票更是开始走样，被异化为政客追逐的终极标的，它由实现民主的一种手段蜕变为损害民主的刽子手。在"选举主义"者看来，"目的说明手段正当"，"英雄不问来路"——通过何种路径当选根本就无所谓，只有"能否当选"才是至关重要的，即所谓"胜者为王，败者为寇"。

美国政治学家罗伯特·达尔认为，民主价值实现的基本前提之一，就是"弱小的亚文化多元主义"（weak subcultural pluralism）。他认为，文化与认同冲突是民主发展的一个不利因素，极易被政客们所利用，"政客们看到文化认同上有现成的便宜可占，难免要受它的诱惑，会有意地转向自己的文化群体，向人们提出种种呼吁，从而煽动起潜在的敌意，变成公开的仇恨，最后愈演愈烈，发展成'文化清洗'。"

台湾社会恰恰存在一种亚文化与认同的冲突，视"选举主义"为圭臬的台湾政客们如获至宝，有意制造了"本省人"与"外省人"、"爱台"与"卖台"的对立，民主价值在非理性猎取选票的进程中被涤荡一空。可以想象，"如果'民主'没有高素质的人品、良好的领导，以及一颗负责的心，投票的野蛮与拳头的野蛮又有多大的差别？"

每逢选举季节，台湾地区总是充满仇恨，选举成了一种"零和"游戏，"辛辣的言词、挑逗的情绪、非蓝即绿的立场、贿声贿影的歪风，台湾的选举浸淫太多"统独"的氛围，没人奢望'零和'选风会有改弦易辙之日。"为了选票，政客们无休止地指责与恶斗，台湾社会的资源、人力都在"选举主义"指挥棒下俯首称臣，选民们在政客们导演的政治剧中疲于奔命，整个社会陷入选举的内耗与困境，台湾的民主政治演绎为"民粹政治"。民粹主义作为一种"政策营销"在台湾可谓如鱼得水，正如台湾学者林毓生所言，民粹主义作为民主价值堕落的产物，是利用民主形式的建立、扩张、运作来提供反民主的根据。它的基本运作方式是政治化约主义——把复杂的、奠基于宪政民主自由的民主化约为无需民主基本条件支撑的选举，赢得了选举的人也就变成了"人民意志"的代言人与执行者了。

五、非理性选举的恶俗

近些年，随着台湾政治生态的变化，选举几乎成为台湾社会政治生活的主轴。然而，由于公民文化发育不完全，台湾选民的部分选举行为呈现了与民主发展和社会进步的价值观念相悖的现象，即非理性选举行为。

有学者这样形容：台湾的选举已经变成一种"时间一到，大家齐来疯"的政治游戏。为了吸引选民的眼球，纵使十分荒唐的裸奔、脱衣舞等，也都一一上演；各种黑函、耳语、绯闻更是一到选举就铺天盖地地淹没了台湾民众的耳目；至于收买桩脚，大撒金钱买票的手法，哪怕查贿再严，依然是"野火烧不尽，春风吹又生"，甚至花样翻新，几成台湾选举的痼疾顽症；而黑道介入选举也是屡见不鲜之事……于是，选民意志被恶意操弄，激情选举代替理性选择，对候选人的关注代替对候选人政策的选择。加之台湾选举制度自身设计的缺陷，导致在台湾的选举活动中渗入了诸多恶质竞争因素，各政党为了拼选举，不惜刻意扭曲选举本身所应有的内涵，使选举泛政治化。政客之间相互抹黑是选民们最为熟悉的戏码。候选人在荧屏上互相谩骂，甚至栽赃诬陷的镜头几乎每分钟都可见到，整个台湾选战变成了一场场"乱战"……如此等等，非理性选举行径俯拾皆是，它最危险的是创造出有如传染病的敌对性，在漫天的"毁谤"杀伤对手之时，也泯灭掉了社会的正义和政客们的良心。

（一）金权主义背离贤能政治

西方民主制度下的一个政治铁律，那就是政治与权力需要金钱来灌溉和养育，除非给予政党活动一个充分而合法的金钱来源。西方政治学者将其形象地喻为"政治的母乳"、"选举的血液"。无论哪种选举，只要参与竞选就必定要有花费，竞选越激烈，竞选经费也就越庞大。在某种程度上，选举经费就是"民主制度之恶"。很显然，金钱是影响政治行为的一种非常有效的力量，那么在台湾选举中这种情况就有过之而无不及了。

"选举大门朝南（难）开，有心无钱进不来"，这句台湾百姓常挂在嘴边的话直白道出台湾选举与金钱之间的关系。台湾的公职人员选举，下至村里长、乡镇市民代表、乡镇市长、县市议员、县市长，到省市议员、"国大代表"、"立法委员"，上至"直辖市"长、省长、"总统"选举等，共有11种之多。虽然在"冻省"之后，取消省长和省议员的选举、废除"国大"、取消"国大代表"选举，但是台湾至少还有9种选举要举办，过去一些选举还分开举办，有时一年要办好几次选举。各种大大小小不同的选举所造成的巨额选举开销，长久以来，使民众形成"民主政治"就是"金钱政治"的概念。

台湾的选举是每个居民都可以参与的游戏，但却不是每个人都能够成为候选人。从早期的村、里长选举到近年的"总统"选举，这一场接一场的"选战"，都离不开金钱。"竞选靠银弹，无钱别参选"。各方候选人除了比政见、比形象、比口才之外，财力是"选战"最后的决胜关键。谁的经济实力大，谁的中选机会也就大；谁的财源先耗尽，谁就可能先竖起白旗。选举实际上成为富人用钞票换取别人选票的游戏。

台湾的"公职人员选举罢免法"第45条第5款，即"政党竞选费用补助金条款"规定，每次"立委"、"国代"选举完成后，政党得票率超过5%者，由"中选会"每次补助这些政党每票5元（新台币，下同）。由于每次选举国民党得票最多，故得到的补助也最多。1997 年 5 月，台湾"立法院"通过对此条的修正案，将原来的"立委"、"国代"选举对政党的两次补助合而为一，变为按每届"立委"选举得票数每年补助，且将补助额度大幅提高至每票 50 元。此外，"总统副总统选罢法"也有规定，获 200 万张选票以上者，由"中选会"每票补助 30 元。但如果得票数未达到"门槛"，则无任何补助。按照如此选举规则，许多有德有才之士因为个人或政党没有足够的财力支撑，或根本就跨不进选举的门槛，或即便跨进去也没办法与财大气粗的候选人竞争，导致选举必然变成"选钱选势"而不是"选贤选能"。

更为严重的是，在这种选举制度下，台湾黑道凭借其"财力"，可堂而皇之地迈入政治舞台。据相关研究报导，黑道渗透地方政治（台湾"省属" 309 个乡镇）普及率已达八九成之多，严重的乡镇市民代表会中，黑道席次占有率在六成以上。乡镇基层已沦为"黑金政治"之温床，"黑道治乡"早已不是新闻。更为可怕的是，黑道帮派多已摇身变为合法公司，有的甚至登记为合法政党。台湾前"法务部长"廖正豪在"立法院"公开承认，在现有的 80 多个政党中，有的是黑道帮派的化身。可以说，台湾现行的选举制度已成为"黑道漂白"的合法途径。

（二）族群主义影响理性选举

从政治发展的常态理论来看，民主发展初始地区实行民主选举时，一般选民在投票时是倾向于以候选人的私人关系及地域情感为考虑的，台湾地区概不例外。特别是在台湾乡镇传统小区，候选人赢取选票靠的就是"人缘"和"地缘"。于是乎，台湾地区每到政党竞选关键时刻，各党派就开始以"省籍"、"族群"来划分阵营以拉拢民心赢取选票，族群问题瞬间被沦为政党竞相利用的政治筹码。使台湾选举的议题失焦，每次选举都变成族群对决、派系对决和意识形态的对决，真正应该被讨论的、关系到选民切身利益的民生、经济、社会议题则被抛到了一边。

1. 派系纷扰

20世纪50年代台湾地区实行公职选举以来，国民党为了巩固其统治地位、维系政权正当性，不得不与台湾地区各类派系妥协，在政治舞台上做出让步，以期达到各取所需、和谐共处。早期的地方派系多是以宗族、姻亲或情感关系等为维系纽带，后来随着经济的发展，派系分化逐渐以政治经济利益为基础，这突出表现在选举之上。选举作为政治资源重新分配的手段，对于派系生存发展而言不啻生命之源，因此，任何地方派系皆视选举为其政治生命的第一要义，而人脉、金脉和暴力则是其介入选举的三大法宝。

地方派系是基于血缘、婚姻、学缘、地缘、语缘等所建立起来的人际网络，如今在台湾地方派系的政治影响举足轻重，它们扮演两种政治功能：第一，动员选票，争取选举职位，包括政府机构以及社团组织；第二，领导者通过选举取得职位，并汲取该职位所能掌握的资源，包括合法的、法外的、非法的利益，然后再分配给网络内的成员。据统计，在台湾存在过的地方派系共有110多个，几乎每个县市都有。研究表明，1972年到1992年7次"立法委员"选举，地方派系参选人的平均得票率为46.6%；2012年"立法委员"选举，地方派系参选人的得票率达52.3%，这充分说明地方派系仍有很大的生存空间。

台湾地方派系掌控着庞大的人力物力，具有难以想象的选举动员能力，陈水扁身陷囹圄依然可随意操控深绿板块，就是最好的实证。上世纪90年代，随着"民主化"的推进和选举竞争的白热化，派系力量日益成为各党派倚重争取的中坚力量。1991年二届"国代"选举时，国民党为打赢民主政治改革的第一仗，火线提名79位派系人物"入阁"，仅有两人落选。在1994年底"省议员"选举中，派系人物斩获92.86%的当选率，远远超过非派系候选人62.96%。台中县红派的刘松藩和高雄县白派的王金平分别当上了"立法院"的"正副院长"。号称"民主、进步"的民进党早期不屑与派系来往，但在派系政治的残酷性面前，民进党也积极策反、拉拢、培植派系力量，比国民党有过之而无不及，"堕落之快，让人瞠目"。游锡堃在宜兰的"游派"，尤清在台北县的"尤派"，有很大的势力，民进党的其他政治明星黄信介、陈水扁、谢长廷、苏贞昌、卢修一、洪奇昌、姚嘉文，包括陈菊、蔡英文等，在地方上也都拥有一股山头势力。

有人说，时至今日，台湾派系政治日趋式微，毕竟政党政治乃大势所趋。这不失为一家之言，也只能说是一家之言。实际上，在台湾选举拉锯割喉战的险恶环境中，派系及其衍生变形体依旧坚挺，势将在相当长的时间内影响台湾选举。由此造成的危害显而易见，"选举已并非本来意义的'选贤与能'（至少并非全部如此），而成为分配政治资源、巩固统治的工具"。台湾派系政治的顽固性，或许可以从下面这段话中得以解读：

2010 年 12 月，有人私下问陈菊竞选总部的人员："你是否认为陈水扁有罪"，他点头承认，但又说："公开场合不会这样讲。而是政治迫害，司法打压。"一个曾经执政过的政党，面对贪腐这样的事实，却有如此的表现，而且竟然还能有这样高的民众支持率，真是难以想象。

其实，就是这样，台湾的所谓"民主"中，"非理性支持"始终是一个巨大"梦魇"。毕竟在台湾，民主是舶来品，台湾的民主不是内源型而是外发嫁接型的民主。这种民主的特点是广大民众没有经过充分的启蒙而自发要求实行民主制度，而是在政治生活的实践中经政治人物的发动产生了民主参与热情。民众这种不成熟的民主心理机制，使得他们对公共领域的事物尚缺乏理性参与的习惯，多数只能从族群、派系的角度去"认知民主、考量权益"，还不能从公民角度、从真正意义上掌握民主的内涵。就这样，选民狭隘的民主认知再加上政治人物的刻意引导，使得族群政治、派系政治得到了选民广泛的、非理性的支持。每逢选举，大街小巷竞选标志随处可见，千奇百怪的造势活动此起彼伏，妇孺老幼见面言必曰选举，言必曰支持谁不支持谁，甚至对所不支持者，言出必骂，"这一派骂那一派，这一群骂那一群"，整个社会处于一种情绪化中，一种近乎疯狂的状态中。

这些被非理性政治情绪掌控的选民，很容易被政客和某一主张所蛊惑，为族群政治、派系政治的产生和盛行推波助澜，进而深化社会对立的鸿沟，导致过于激烈的社会动荡。台湾选举中那种"庙会式的热闹场面"和民众的涉足于政治、派系斗争之中，同英美等西方发达国家中的选民相对理性形成鲜明比照。在此意义上，台湾民众和选举已经成为派系斗争的枪炮工具。民主在流于形式的"庙会式热闹场面下"丧失殆尽。

2. 悲情煽动

本书在前面已经谈到，"悲情意识"是台湾民众心灵深处积淀着一块历史伤疤，在台湾选举史上，只要一打"悲情牌"，就能引发选民情感共鸣，进而左右选举结果。"悲情"本无可厚非，但一旦被台湾政客利用，就会异化为博取选票的工具。正如彭怀恩所言，"同情弱者的心理也影响到选民的投票抉择，这心理往往被候选人利用，采取了弱者姿态或被打击的对象以争取同情票。"1980年在竞选"增额立委"时，张俊宏之妻许荣淑与姚嘉文之妻周清玉代替因"美丽岛事件"获刑的丈夫竞选，赢得了选民的广泛同情，从而高票当选。1997年县市长选举中，民进党元老卢修一辅选时搏命一跪，为本党台北县长候选人苏贞昌跪出了胜选，使国民党志在必得的愿望落空。

在台湾选举史上"打悲情牌"最成功的莫过于2004年"3·19枪击案"。陈水扁阵营可谓是"悲情牌"的江湖老手，在枪击事件上大做文章，一方面海量播放陈、吕受伤镜头，以营造"天佑台湾"之悲情，另一方面策划地下电台散播"连宋联合中共暗杀陈水扁"、"枪击案是中共与国亲联手策划"、"阿扁是在帮台湾挡子弹"等话语，以赢得同情而改变部分选民的投票意愿，进而拉高选票。《联合晚报》实时调查显示，约4%的选民由不投票转为投票，其中绝大多数流向了陈水扁阵营；约有4%的选民改变投票意向，其中2.2%改投陈、吕，1.3%改投连、宋。以1291万张有效票来看，陈水扁一夕之间斩获近12万票，成为击垮连、宋的致命子弹。

而且，民进党当局不断利用民众的历史悲情，煽动不同省籍族群之间的对立，用一种语言暴力煽动敌对情绪，打击异己，将所有议题都贴上"外省人"、"中国人"、"外来政权"、"爱台或卖台"、"中共同路人"、"台奸"等标签，将人民的道德直觉激化为一种宗教狂热，在非理性的激情面前，所有的政策都失去了理性讨论的空间，只有主观的认定，只有帽子与标签。在民粹主义的考量下，民进党只需要将"国家认同"问题作为选举主轴，刺激选民在"爱台"或"卖台"、"中国人"或"台湾人"之间做出非理性选择，就可以转移没有政绩、缺乏政见的焦点，骗取信任，骗取选票。

（三）语言暴力助长恶质选风

在民主选举中，选民心目中理想的候选人形象应该是德才兼备。因此，在各类选举中，全方位打造提升自身形象和能力就成为各候选人极为重要的竞选内容。然而，在台湾低质选举文化的氛围下，候选人积极地提升保持自己良好的公众形象逐渐演变为消极的品行攻讦战，转而恶意抹黑丑化对手。

1. 恶意抹黑

在台湾选举中，各派政治势力和候选人之间展开"骂战"成为"文宣攻势"的主要内容，选举也就成了一场骂人吵架、揭人伤疤的比赛。

候选人之间恶意指责攻击对手的主题真可叫作五花八门。

1994年首届省市长选举时，台北市长候选人陈水扁、赵少康旗鼓相当，是最有竞争力的两位候选人。选举时陈水扁推出了"向独裁者致敬"的广告，用蒋介石、希特勒、墨索里尼的人像来意指新党赵少康。

有的甚至编造散布竞选对手的桃色新闻，在关键的时段抹黑竞选对手，影响选民的判断，从而影响对手的选票。在1998年高雄市长选战中，吴敦义遭竞选对手以伪造的录音带，指控其与女记者发生绯闻，最后以微小差距败给谢长廷。在2001年台湾"立委"选举过程中，桃园县长候选人朱立伦首先被对手以黑函攻击，指朱与某位电视台主播有婚外情，一时舆论哗然，虽然朱立伦对外澄清，但已对其形象造成伤害。为了选票，他们甚至不惜践踏宗教与信仰，竟连和尚也不放过，2011年12月，台湾颇有声望的星云大师由于支持杨秋兴，便被攻击为"野奸精"（台语，意为不守规矩的和尚，吃肉，偷女人），引起了佛教界的不满。

总之，台湾恶质选风推动着"抹黑"之风大行其道，选战期间各种恶劣的谣言防不胜防。竞选人对这"恶俗"深恶痛绝，人人在骂；然而，他们又都"身陷其中"、"身在其中"，一边骂着这恶俗，骂着别人，可是一有机会，他们也立马会牢牢抓住，抹黑和攻击别人。这一来，就使这抹黑现象形成了漩涡与泥淖：一方面，是"身在江湖，身不由己"，竞选人和他们的团队不能自拔，不能自我救赎；另一方面，是"恶俗更恶"，社会文明之风因此被践踏、被败坏。

2. 人身攻击

在台湾地区的各级选举中，公开竞选往往变成了候选人互相人身攻击的场所。攻击的格调一次比一次低俗；攻击的内容形形色色，包罗万象，从辱骂对方的身体、操行、人格、学问、能力，直至父母的隐私；攻击的言词尖锐、刻薄、狠毒，几乎到了登峰造极的地步。台湾政坛一到选举季，往往是语不惊人死不休，趣事怪事多，"狗屎"满天飞，甚至在党内派系间也是如此。

在2005年的县市长选举中，陈水扁数度在造势场合为了凸显本党候选人年轻、健康的形象，竟然诅咒国民党候选人胡志强做不完任期即"随时可能死掉"；随后民进党籍民意代表带领台中市的医生集体召开公布胡志强的病历的记者会。这些举动已经不只是选举策略的操作，而是完全逾越了文明社会所应该维护的道德和医德伦理的底线，而且这些言行出自"总统"、"立委"和"医生"这些具有特殊身份的人的口中，更是说明台湾的负面选举已经到了无以复加的地步。

2010年11月7日晚，台湾电视台政论节目主持人、绿营名嘴郑弘仪在为民进党大台中市长参选人苏嘉全站台助选时大爆粗口，用"XX 娘"辱骂马英九，还批马英九是"龟儿子"，引发岛内舆论一片哗然。

2011 年 7 月 15 日，民进党中常会刚刚通过不分区"立委"名单，就有人攻击余天（游锡堃的嫡系）赌输 6000 万，有人诽谤吴秉睿（苏贞昌的亲信）"睡人妻"，蔡同荣贬斥柯建铭嫖加赌……对此，柯建铭呼吁，党内要停止这种丑剧、闹剧，"为了权位追逐需要泯灭良心，杀伤自己同志吗？……这样赤裸地斗争下去，以后还有谁愿意加入民进党相信民进党？"

从侮辱对手的人格、能力、学问，到揭露对手兄弟姐妹、父母的隐私，可说是无所不用其极。难怪有人戏称，若想知道自己的祖宗八代是做什么的，那就到台湾参加选举，只要选一次，就全知道了。这种"毁人不倦"的选举文化，实在是台湾"民主选举"的一大讽刺。

在人身攻击成风，谣言满天飞，真假难分辨的现状下，必然有碍于选民正确地了解候选人，降低了选民选择候选人的能力，使其无法理性地进行投票，其结果往往是狡诈而伶牙俐齿者获胜，厚道自重者落选。这显然有损于台湾的"民主政治"。

3. 黑道渗透

在台湾的各项公职人员选举中，不仅有恶意抹黑和人身攻击，候选人及助选人员之间发生互相叫骂、摔桌砸椅、大打出手的"全武行"殴斗也时有发生。更为可怕的是，还不时可见黑社会恶势力的渗入，以及地方派系间恶斗、暴力冲突。台湾当局不加防范，候选人又缺乏社会责任，一心只想顺利当选，求取公职名位，任其恶斗滋生蔓延。这种恐怖阴影笼罩下的选举，简直是对民主政治的嘲讽。

台湾选举中出现的黑道暴力方式主要有四种方式：一是配合贿选，以暴力锁定桩脚，使"买票"能具体落实，更利用暴力手段逼迫选民就范；二是以暴力胁迫竞选对手，更恶劣者还进行绑架勒索，部分形象清新的学者型候选人在暴力威胁和顾及家人安全的考虑下宣布退选；三是以暴力攻击竞选对手或其助选人员，并在对手扫街拜票时，恶意进行阻挠骚扰；四是为作秀造势，以暴力方式骚扰竞选对手的竞选总部、后援会等各种活动现场。台湾的某些候选人，本身就是经营色情行业的黑道分子，暴力一向是他们立足政治舞台的手段，也是他们笃信不疑的生存法宝。这些不肖候选人若侥幸入选，必定给社会民众造成祸害。

还有一种与黑道贴近或者就是黑恶势力常干的勾当，叫作"幽灵人口"。台湾基层选举竞争激烈，有些村里长的选举，胜负票数相差无几。因此谁有本事把外县市、乡镇的亲朋好友户籍迁入选区，往往就可以左右选局。于是每年基层选举前，也就常常有为给特定候选人投票而迁移户口的"幽灵人口"出现。而"幽灵人口"的迁办，往往不是一般"白道"的操作，而更多是"黑道"的操作，是与黑恶势力紧密联系的。"幽灵人口"既然可以左右选举，参选人的人格、能力、品德自然也就不重要了，民主选举还有什么民主可言呢？！

（四）操纵舆论干预选举取向

在每个国家和地区的竞选中，都能看到政党和竞选人除了要千方百计争取获得密集的人财物力支持之外，还必须千方百计借助传播媒体，直接或间接地实现对社会心理的潜移默化，对意识形态的灌输诱导，以争取有效地影响公众并获得多数的支持。

在台湾地区，政党政治和传媒的关系向来密切，在长期、频繁的选举实践中形成了一些独有的选举宣传文化。候选人及其政党通过选举宣传，极力营造有利于自己的舆论氛围，在恶质选风的浸淫下，甚至对选举舆论形成操控和影响。

1. 选举宣传

所谓选举宣传，主要是指候选人在选举活动中，采取多种手段，推广自己的政策理念，展现个人形象与实力，以达到凝聚人气、提升当选可能性的一系列有组织的宣传活动。主要包括文宣、造势等多种形式。

搭建文宣班底是选举宣传的第一步，候选人在搭建自己竞选班子时，通常非常重视招纳文宣人才。在 2010 年"五都"选举中，国民党让擅长文宣的金溥聪出任中央党部秘书长，统一协调各地的选举文宣工作。在 2012 年"总统"选举中，同样由其担任竞选"操盘手"，给绿营造成沉重打击。有舆论认为，2012 年"大选"，不是蔡英文败给了马英九，而是吴乃仁败给了金溥聪。

此外，在各竞选总部搭建竞选班子的时候，往往还会聘请一些专业的策划公司或广告公司进行具体的筹划工作，运行良好的宣传班子不仅可以为后续活动奠定良好基础，甚至可以为参选人塑造全新形象。在 2010 年"五都"选举中，苏贞昌大胆起用新人，最终使其"广告内容、形式及传播的通路都很适合青年人，让苏贞昌呆板、老旧的形象陡然变得现代起来"。

"选举造势是一种推销候选人的行为，造势的目的是要吸引媒体的注意，扩大选民参与，使被推销的候选人成为家喻户晓的明星。"造势通常多在选举最后阶段进行，形式多种多样，内容五花八门，以烘托气氛、吸引眼球。2010 年 11 月 21 日，在台北市长郝龙斌选情危急时刻，国民党以嘉年华的形式举办"台北起飞——'11·21'为台北而走大游行"活动，刻意营造欢乐气氛，发放竹蜻蜓和吹泡泡玩具，成功拉抬选情，为郝龙斌加分不少。2012 年"大选"中，蔡英文以发放"三只小猪"存钱罐的造势方法，既让民进党筹到了选举的钱，也为蔡英文的选情加了分。

但是，也有文宣造势充斥着大量低级庸俗的东西，曾经出现的陈文茜"香炉事件"、政见会、募款餐会辩论会、歌舞秀、售卖选举商品、社会运动、悲情造势、黑函耳语、call in 造势、taxi 造势，等等，无不都是庸俗不堪的，毒化了"文宣"风气，毒化了"文风"，甚至毒化社会风气与风俗。

2. 操弄民调

民意调查已被台湾各政党用作选举工具，并由此引发民意调查是否准确、是否具有倾向性和误导性的争议。对民意调查的可信度，有人做过这样四点归纳：第一，在"一对一"的竞争以及应选名额较少的选区，民意调查具有较高的准确度。在应选名额较多的地区，民意调查的准确性往往会大大降低；第二，"配票"和"弃保"等重要选举技术的应用，是造成民意调查失准的重要因素；第三，任何民意调查都会遇到一定比例的不表态选民，并有一定的误差率；第四，台湾各媒体的选举民意调查，总体说准确度低于各政党（尤其是民进党）内部掌握的民意调查，严重影响了公众对民意调查的信任度。

其实，不管民意调查的可信度如何，在台湾特定的选举环境中，民调首先会左右选民的投票行为，尤其在政党认同感较强的选民中，民调恰恰为他们提供了"行动"的依据；其次，民调会改变候选人的竞选态势，候选人往往根据民调排名次序的变化，不断修正自己的竞选策略；再次，民调既是部分政党用以决定提名候选人的有利工具，又是各政党分析选情和采取行动的重要依据；最后，民调作为"文宣"工具，可以"打压"或"迷惑"竞争对手。

正因为这样，竞选的各方也就十分重视民调，甚至刻意操控民调，使其数据为自己的"选情"服务。比如说，选举中个别政党制作的民调故意压低己方的支持率，以刺激自己的支持者、麻痹政治对手的支持者。

操控和利用民调及其结果，一般的操作手法是买通民调主持部门或相关调查和分析人员，在设计问题时预设诱导性的议题，或是径直修改民调结果，使其符合相关政党的选举与政策需要。这样的民调，其中的流弊是可想而知，不言而喻的！

3. 利用非常态事件

在当代台湾政治生活中，常态、非常态的选举和政策操作手法比比皆是。精明的政客、投机的政党总是会挖空心思，利用眼前一切可以甚至可能把握到的资源和力量去制造非常态事件，服务本党的政治利益。

利用和制造突发意外事件，最典型的莫过于 2004 年台湾地区领导人选举期间牵涉到民进党候选人陈水扁的"两颗子弹"事件。这一不明不白的枪击事件从根本上扭转了民进党败选的危局。而在2010年"五都"选举中，枪击事件再次上演，连胜文被绰号"马面"的歹徒击中面部，个中原因至今没有可靠的解释，但国民党、民进党都利用这次事件互相指责、以此为己方选情服务。

引入外部的影响因素，也是利用和制造非常态事件的做法。比如，引入大陆方面的因素为自己辅选。陈水扁每逢选举时，就会有政策部门或相关职能部门出面，散布不负责任的言论，制造阶段性的紧张和对抗，刺激大陆做出反应，然后以此裹挟民众支持绿营赢得选举。在2012年台湾地区领导人选举中，"九二共识"成为国、民两党的争议焦点。马英九当局释放出关于"和平协定"的政策考虑，被民进党抓住痛批。而民进党在两岸政策上的虚无，同样被国民党大肆炒作，最终被塑造成一个在处理两岸问题方面的"无能政党"，大大失血。又比如，引进美国的因素影响选情，除了选举之前，候选人往往要有美国之行，以乞求和试探美国的支持外，还经常利用"美台关系"的一些突发事件影响选情。有学者说：如果"美国牛肉事件"不是集中暴发在2012"大选"落定之后，而在之前，那"大选"的结果或许被改写。这不是没有道理的，选举落定之后，"美牛事件"的大肆炒作，以及另一些因素影响，都能让马英九在政治人物"形象指数"排名居后，仅高于腐败入狱的陈水扁。如果在选举之前、选举之中发生，那"杀伤力"肯定不可小视。

六、"选举主义"导致的政治经济后果

客观而言，自1986年"政治革新"之后，台湾政治迈开了西方式"民主政治"的步伐，而且在政治资源配置方面取得了一些形式上的成果。然而，透过现象去看本质，从实践层面看，西方式民主本身存在的诸多弊端，加上在李登辉、陈水扁"台独"分裂势力的操弄下，民主政治在台湾被简化为"选举政治"、扭曲为"身份政治"和"认同政治"。

马英九执政期间，多党竞争、言论自由、普选制度等民主形式在台湾也未取得实质性进展，政党政治表现出来的依然是蓝绿板块的水火不容，以至于蓝营、绿营板块里也内斗不断。蔡英文败选后，把党主席之位交给高雄市长陈菊，依旧不能解决绿营派系斗争下的"碎片化"危机。马英九当选之后，蓝营内也不免有挑战其权威的声音，要求他"不再当任党主席"。

很显然，台湾民主被泛化为"选举主义"之后，选举泛政治化、高频率等等因素的交互作用，必然致使台湾"民主政治"异化，台湾的民主政治显出"乱象丛生"、"弊端丛生"，逐步偏离民主政治的正轨，只为"政党利益而力争"，只为"权力而角斗"，只为"选举输赢而拼杀"，置民生于何地？置社会稳定和安居乐业于何地？

（一）选举政治架空民生经济

透视台湾民主异化状态，首先要看台湾民主政治置经济民生于何种地位。我们可以从"亚洲四小龙"比较视角来看个明白，因为"亚洲四小龙"是在差不多同一个时期经济起飞，面积和人口都不大，具有较大的可比性。而到了上世纪 80 年代中期，韩国和台湾实行民主化，注意力被明显地引到政治方向，引到"政治转型"上来了，就开始与仍然专注经济的新加坡、香港分道扬镳了。如今 20 多年过去后，无论是综合竞争力还是经济发展、社会稳定、法制完善、廉洁程度，台湾和韩国都远逊于新加坡和香港。究其原因，固然是多方面的，但也与台湾地区"重政治轻经济"政策导向息息相关，在台湾民主化进程中，经济问题、民生问题往往沦为空头口号，异化为空头支票。

应该看到，老百姓其实并不太关注什么民主理论，而是看一个执政党是否能给他们实惠，能否让他们的口袋鼓起来。民生富裕才是硬道理，才能得到人民认同。但是，令人失望的是，台湾政客向选民要选票、要认同时，恰恰不再专注于"经济"、"民生"这个"难以一时见效"的问题，而是投机取巧，为选票而人为制造社会分裂，并且不惜让经济政见完全"泡沫化"，便于他们快捷地"于中取利"、"于中取票"，这与民主政治实质可谓是南辕北辙！

1. 人为制造对立

民主政治的稳定取决于政治体系结构是否一致，如果仅仅是在经济领域或具体政策层面上存在分歧，这本是民主范围内的分歧，于社会稳定无害。综观台湾民主政治，可谓是反其道而行之，"统独"话题和省籍议题泛滥演化，无异于把台湾政治体系结构撕裂，人为制造族群矛盾，将一个本该和谐融合的政治生态活生生地撕成两片，蓝绿对峙深入骨髓。

陈水扁执政的8年，社会理性更是被不断消解——暴戾日增月长、耐心瞬间蒸发、包容总被遗忘，岛内出现了过去50年不曾有的严重对立局面。民主异化为妖魔，"它（情绪政治）不要你有理性，不要你判断，只要你跟着一块怨愤、一块不平，甚至一块仇恨，最后就是一块将对手'妖魔化'，这种情绪是可以感染的，也是可以相激相荡的。只要政治领导人的言词带着负面情绪，他的支持者也会很快感染到一样的情绪，于是对方阵营也随即激荡出同样的情绪，这样恶性循环下来，整个台湾岂不都陷在某种仇恨的情绪中"。陈水扁的8年，就是台湾信任危机日益加剧的8年。

马英九执政的4年中，执着于打造"全民总统"，臆想休止政治上的纷争、对峙，但事实证明，马英九欲以一己之力达此目的，无异于痴人说梦。台湾蓝绿板块对立已成常态，在这场无休止对立的政治游戏中，处境最为尴尬的当属1945年后抵台的大陆移民，他们在台湾被称为"外省人"，在大陆又被称为"台胞"。只因晚些来台，他们"一方面面对在政治意见上被疏离、被不断污名化所产生的无力感；又在文化生活中处于被一些人认为'不爱台湾'的压力下的特别反应"。他们"带着'外省人的原罪'，而被斥之为'卖台'"。

这样的状况，让台湾的社会稳定受到是显性与隐性的威胁，只有

2300多万人口的地方，看过去"几乎天天都在闹腾中，天天都在折腾中"，"经济、民生自然难以真正成为台湾民主政治的题中应有之义"。

2. 经济政见"泡沫化"

在台湾，掌控话语权的政客没有把精力放在经济、民生上，而致力于渲染蓝绿阵营的对立，为各自的阵营拉票。没有话语权的民众，精力也大都被引导集中在蓝绿对立渲染下的意识形态纷争之上。整个社会无暇或难以理性地思考民生经济、具体政策等"小事"，经济政见完全"泡沫化"。

这样一来，一方面是政客死拼政治，无论你把经济和民生折腾得怎么样，只要你能"造势拼选举"，你就可能赢得选票和权力。陈水扁执政期间，台湾经济增长率下降到 -2.18%，出现了半个世纪以来从未有过的负增长，失业率升至5.17%，创历史新高。可以说是经济与民众生活危机重重，但是善于"拼选举"的陈水扁依然把民众的视线扭转到了"统独"议题，从而成功当选连任。这与1992年美国大选的情景形成鲜明对比，老布什赢得了海湾战争的胜利但仍旧不能消除国内经济裹足不前的不良影响，而输掉了选举。

另一方面，选举时打出的经济民生议题多是轻诺寡信的。选举时，每个候选人都漫开"竞选支票"，乱画"选举大饼"，拿纳税人的钱讨好特定选民。处于执政党优势地位的候选人更是利用一切机会向选民做出各种承诺，在社会福利、市政建设、交通设施等方面乱开支票许以重诺。在2005年县市长选举时，民进党中央及各地候选人开出"竞选支票"称，未来将带领全岛民众致力于经济民生，领跑"亚洲四小龙"。选战一过，落选者的"支票"自然是画饼充饥，当选者的承诺也多是"空头支票"。多数情况下，民生问题仅是令人炫目的"肥皂泡"而已。

（二）选举激发社会生活泛政治化

很有意味的是，台湾的选举本质上并不关注经济，并不关注民生，但台湾的选举又必须给民众予承诺，这承诺自然有政治的、社会的、文化的，也必然有经济的。选举期一到，最明显的就是候选人向选民大开"支票"，乱开"支票"。候选人几乎天天都为选民端出一盘盘"政策牛肉"，各种宣传小册子像是一本本厚厚的"菜单"，各种利益团体、各色人等都可从中找到适合自己的口味。许多候选人的选战打到哪里，选举支票就开到哪里，"支票、甚至是空头支票漫天横飞"。

台湾的"选举年"往往演绎为"灾难年"，既是"泛政治化选举扰乱生活秩序、经济秩序的灾难年"，也是"大话、轻诺、谎言毒化社会风气的灾难年"。但是，由于民主已成台湾图腾，没有人敢于去挑战它，否则就会成为反人类的标签。这种泛政治化选举的频率过高，不断激发着台湾社会生活走向"泛政治化"，更致使民生不被真正关注，经济陷入困境。这，显然与民主的实质背道而驰，毕竟经济民生才是老百姓的命脉。

1. 高频选举。各种选举接连举行，造成台湾社会"一年一小选，三年一大选"的高频选举局面，选举成为台湾政治、经济生活中不可分割的一部分。为了选举中的胜选，各政党、各利益集团及其推出的候选人不惜代价，高度动员，整个社会处于一种几乎癫狂的状态，处处呈现出一种赶庙会式的热闹场面，每天过的生活里"政治的元素必不可少"。

2. 过度动员。台湾选举经济成本的巨大表现在两个方面。一方面，执政当局或者是疲于奔命，或者是不顾整体、全域利益，片面地讨好部分选民，或者干脆是把施政的重点绑在选举战车上。另一方面，在野党则频频地以所谓民意为武器，借民意压执政当局，并不顾财政压力，大肆慷"国库"之慨，"拿支票换选票"，给选民大送"红包"。社会、民众，尤其是政治人物对选举政治活动的过度关注与热情，使选举泛政治化。

3. 政局动荡。由于选举而产生的恩恩怨怨，在台湾的政治中屡见不鲜。执政当局内部及朝野之间围绕选举问题、权力资源的分配问题不断发生政争，导致政局动荡，社会不安。表现在：一方面，省籍矛盾激化，族群对立严重。由于国民党长期在台的一党专政，使不少台湾民众深有被压迫的感觉，再加上一些政客的刻意渲染与恶意挑拨，每到选举季节，"省籍矛盾"总是会有所激化。另一方面，"黑金政治"日益猖獗。国民党执政时期，随着在野反对势力的壮大，国民党每次选举都陷入高度危机之中，在"胜选至上"原则的考虑下，国民党常常妥协、屈就于地方派系、黑道帮派和金权财团，彼此形成利益共同体而勉强胜选。然而，胜选之后，金权、黑道对国民党的影响持续加深，导致"权"、"钱"、"拳"交相运作，白道、黑道沆瀣一气，"黑金政治"日益猖獗，国民党深陷其中难以自拔。

4. 世风日下。在恶质选举文化的严重影响下，台湾社会的选举风气与社会风气江河日下。社会中充满了太多的投机取巧、不劳而获的观念，充满了太多的功利、暴力，社会脱序现象十分严重。"台湾的民主，刚刚起步，却已为此时此地的选举文化所扭曲。地方的角头桩脚，拥立行政首长，册封民意代表。于是行政与立法的权力，都可为这些人运用，蚕食公共的资源，分享公共建设的大饼，从而出现一大批新贵与暴富，甚至最高权力的位置，也不能不由这批人物抬轿。权力带来做人的财富，财富又可以供应令人咋舌的享受，于是，有办法的人有样学样，没办法的人不惜铤而走险……台湾焉得不乱。"20世纪80年代的时候，台湾地区在亚洲乃至世界都尚有很大优势，这个优势不是指什么政治优势，而是指经济实力，但现在完全不同了。这便是高频选举付出的代价。

有学者说过这样一段颇为深刻而悲凉的话，值得玩味："（在台湾地区）民主似乎令人羡慕；在票场，黑枪却令人生畏；在'立法院'，民意演绎成拳打脚踢；在讲坛上，政客无耻当众撒谎。现在不如此反而令人奇怪，现在不打架反而让人隐忧，现在不骂娘反而语无伦次，现在去嫖妓反诬他人陷害。这就是台湾式民主……这让人们真不知道我们将来到底该去追求什么？难道是准备就用这种闹麻麻的野蛮方式同样去追索权势与好处吗？如此，那还不如咱们就此卧倒（歇菜），该谁是谁的，该有多么低碳与环保？"

七、台湾选举制度改革何去何从？

其实，台湾的政客不是没有看到台湾选举制度的弊端，也不是没有人提出改革的思路与意见，有时甚至还让人感觉台湾各界对选制改革的呼声一浪高过一浪，尤其在 2001 年底的"立委"选举中，参选人更是竞相把选制改革作为竞选口号。然而，并没有人能够开出真正对症下药的方子，只是从具体选举制度中提出了一些改革或改良的意见，比如，目前有关选制改革的方案主要包括"单一选区两票制"、"中选区两票制"、"立委席次减半"等等。这种只对这舶来的民主进行修修补补的做法，其实就是一些"皮毛整修"而已。即使这样，在各种政治派系争抢政治蛋糕的无序张力下，改革依旧困难重重。

（一）既得利益者的阻挠

改革必定触动一些集团、一些人的既得利益。从古至今，改革之难总在于如何突破既得利益者的阻挠。台湾的具体选举制度是舶来的，在既得利益者看来，当初引进新的选举制度时，各方生死搏杀，终成正果；如今再行改革，引进新的选举制度，势必会搅乱整个政治格局，甚至给既得利益者造成硬伤。当前选制下的公职人员，就是最大的既得利益集团，他们必然因惧怕新选制带来不可预期的结局，而对选制革新百般阻挠。因此，一些"议题"总是议而不决，甚至无果而终。

议题一："单一选区两票制"能否试行？

一方面，该制试行将撕碎现有政治生态，进行重新拼图，选区划分也好，选民经营也罢，一切从新开始，那些现任"立委"谋求连任的困难自然大增，甚至成为泡影；另一方面，政治精英不愿从零开始。对于他们而言，经过长期经营，在各选区已根深蒂固，略作经营即可收获，显然一万个不情愿让选制改革令他们长期耕耘付诸东流。那怕政党高层改革理念坚定，但并不排除这些政策执行者会"阳奉阴违"，让改革夭折流产。正如前民进党"国大"党团干事长李文忠所言，"单一选区两票制没能入宪的真正阻力在于各党现任公职的反对，因为这些人都是现行制度的优胜者，各自都拥有自己的选举地盘，他们反对冒险接受新制，增加落选的可能性。"

议题二："立委"席次能否减半？

有学者指出，在现有权力布局中，这本身就是一个假命题。因为，这无异于告诉当权者说，要把民主搞好，你们得"剖腹自救"。显然，这是一个十足的政治笑语。

让我们回到1997年"修宪"语境，当时是为了解决"精省"后的省议员谋求政治出路，而将"立委"席次从164席增加到225席。而今，要举起屠刀将"立委"席次腰斩一半，这无异于是置现任"立委"于死地。可以说，当今要"立委""剖腹自杀"，就好比当年要"国民代表"废除"国民大会"一样，任务相当艰巨。当初，如果不是"国大"民心失尽，这头"宪政怪兽"沦落到"人人喊打"的困境，如果没有国民党2000年"总统"败选，国、民两党为了防堵宋楚瑜势力坐大等偶然机遇，期待"国大"完成脱胎换骨改革，简直是痴人说梦。

换一句话说，"立委"席次不是不能减半，而是它还有其存在的资本，还有人那么需要它，要不要像"国大"那样"脱胎换骨"就成了问题，成了大问题。

（二）政党派别的谋算

台湾100多个党派是在当前"宪政"母体中诞生的，拿运行多年的选制开刀，也就是拿"宪政"开刀，无异是弑母之罪；更为严重的是"宪政"母体一动刀，不少政党的政治空间、生存空间必然受到挤压。所以，党派阻挠"奥选制"革新也就是情理之中的事了。

各党派"趋利避害"本性，势必对选制改革走向进行激烈角力，也更使许多议题悬而难决。

议题一：选区重新整合是否妥当？

无论"单一选区两票制"，还是"中选区两票制"或其他样式，选区做小乃大势所趋，而这正是台湾多数政党（尤其是小党）最不愿面对的政治现实。因为，依照政党生存理论，选区越小（选区应选名额越少），大党生存空间越大，而选区越大，小党存活率就越高。

国民党一党独大之时，其主要政治谋略就是缩小选区来挤压反对党生存空间，难怪当初民进党与新党视之如洪水猛兽而竭力反对。

政党轮替后，台湾多数党派皆无法预判选区缩小后的影响，加之害怕选区重新整合后，必然导致铁杆选民群处于碎片化状态，于胜选不利，故各党势必拿起算盘，就选区如何整合进行一番谋算和恶斗，使选区整合难度大增。

议题二：席次换算采用何制？

同一选制，不同算法，也会导致政党在政治蛋糕切割上产生不同结局。譬如，就算各党派同意实施"单一选区两票制"，而到底采用德式"联立式两票制"，还是日式"分立式两票制"换算方式，就会因旷日持久争论而让改革胎死腹中。

以 2001 年底"立委"选举为例，民进党的得票率为 33.3%，却取得 38.7% 的席次；国民党得票率为 28.5%，获得 32% 席次。如果采用日本制，选举结果不会有太大的改变；但若是德国制，民进党就会少掉 1% 的席位，而国民党则将增加 2% 的席位，加减之间就会差 7—8 席。因此说，就算"单一选区两票制"如意推行，仅在采用德制还是日制上，就会演绎一出纠缠不清的政治闹剧。

议题三：区域与不分区比例如何合理界定？

选举政治玩的就是人头，在政治包厢中，自己的人多就是力量大，这是政治硬道理！台湾政党之间始终在"区域席次与政党席次之间的比例应该维持为多少"这个问题上奋力拼杀。就"单一选区两票制"而言，区域选举利于大党，而政党分配名额则是保障小党的安全砝码。因此，政党席次比例应占总额的50%、40%、30%或是20%才算合理，大小党打着不同的算盘，大党固然希望比例越低越好，而小党则赞成愈高愈佳。这就注定台湾地区大小党在这一问题上的争斗永无休止，改革会受到强力阻挠。

（三）"修宪"制度设计的障碍

当初台湾地区的"修宪"制度设计者，似乎本来就没打算要"修宪"，似乎是故意不留下操作的可能性。比如，现行的"立法委员"选举方式（包括"立委"总额、区域、原住民、不分区和侨选代表的分配以及妇女保障名额），皆明文规定于"宪法增修条文"第四条中，无论是"单一选区两票制"，还是"立委席次减半"，皆必须经过"修宪"程序方可完成。

但是，自2000年4月"国大"走向虚级化后，"修宪"提案权转至"立法院"，而"修宪"的门槛设置很高，首先要由"立法院"1/4"立委"提案，3/4"立委"出席，3/4"立委"通过，再由"国大"3/4"国代"通过方可完成。表面上看，只要按程序走，就能完成"修宪"，但完成这一程序比登天还难，因为只要部分"立委"缺席或投出废票，"修宪案"就会夭折。从当时"立法院"四党不过半的政治架构来看，由于"单一选区两票制"、"立委席次减半"涉及"立委"个人政治前途，加之"国大"已被废除，期待掌控"修宪"提案权与立法权的"立委"们砸碎自己的饭碗，自废武功，显然不太可能。于是，"修宪"制度设计形同虚设，成为一项可欲而不为的政治工程。

（四）制度改革派的疑虑

选举制度改革的呼声越来越高，改革派对选制的思考也就越来越深入，似乎也越来越举棋不定，因为他们对改革效果有越来越深的疑虑。

固然，"选风不正"、"选举弊端"与选举制度密不可分，但采用或引进一个新的选举制度就一定能改变台湾目前选制下的选风败坏、贿选盛行、同党恶斗等缺点吗？只要你理性地看这个问题，对此就会持怀疑态度。毕竟，"选风不正"、"选举弊端"是"一果多因"的命题，在某种程度上，它与台湾地区民主文化、选举素养、民众经济与知识水平有着极大的关联性。所以，对改革效果的疑虑令改革派对选制改革举棋不定。

议题一：采用"单一选区两票制"就能革除选举弊端吗？

就理论而言，"单一选区两票"貌似灵丹妙药，尤其是"联立式两票制"备受台湾学界推崇。但是所有理性的人都应当看到，"SNTV 制"不是导致贿选、黑金盛行的唯一原因。贿选原因背后的原因主要是选民默许、司法不彰与政府纵容。当贿选、黑金已异化为台湾民众血液与骨髓之时，期待引入新的选举制度而治愈，有如靠换一副药就想治愈绝症，显然只能是单纯善良的愿望而已！

议题二："立委席次减半"就能万事大吉吗？

很多台湾民众（包括学者）认为，台湾政治乱源就在于"国会"人数过多，于是，就开出一个药方——减少"国会"人数就会革除"国会"乱象。这无疑是把复杂问题过于简单化了，仅凭一句"立委减半"就能药到病除？将"国会乱象"与席次多寡划等号，其实是一种无稽之谈！在第四届"立委"选举之前，"立法院"不就只有 160 多名"立委"，与现在对比，真算是精兵干将，但不是仍然动辄演出"全武行"的朝野对抗闹剧吗？要知道，若不治根"全武行对抗"，而贸然操作席位减半，非但无法遏止

"国会"乱象，甚至可能火上浇油。因为，"立委"人数变少，权力反而集中地被更少的"立委"所掌控。一旦"立委"抱团，"立法院"更容易流会，议事效率有减无增，"乱象"可能更为难消难解。

　　总而言之，台湾"SNTV选制"的确是滋生派系政治、黑金盛行、选风败坏并导致同党自相残杀、党纪不彰的重要原因之一，但绝非唯一原因。可以想象，在台湾地区未来选举中，类似现象与问题依旧会层出不穷。应当看到，当一种选举恶习在民众心中积淀成一种文化时，执政者仅期待制度改革达到"遏制选举劣根性"和"自身政治蛋糕不丢失"之双重美梦，反映出的是一种多么可笑政治形态的幼稚病。

第四章　台湾政治制度的结构性缺陷与民主乱源

一、台湾"宪政体制"对"民主政治"的影响

有人这样说："台湾的选举，总体上给人的感觉就是一个字：乱。其实，远不止是选举时让人感觉到'乱'，治政期间也明显的乱象丛生。"

的确，如前文所述，在"民主的台湾"，无论是民进党执政期间，或国民党执政期间，台湾政局一直处于不稳定状态之中。究其原因，既有前述之深层次政治文化根源，也与台湾民主存在严重的制度缺陷密不可分。首先，台湾"宪政体制""四不像"特征是导致"宪政"僵局、执政傲慢、认同危机、冲突对立等政治乱象的重要原因之一。

总体来看，台湾现在的"宪政体制"，既不是"内阁制"，也不是"总统制"，也不是严格意义上的"半总统制"。当然也有人说，它什么也不是，说是"台湾制"也未尝不可。但问题是，制度一定要自洽，逻辑上不能发生矛盾。而台湾在 7 次"修宪"过程当中，一方面要考虑到原来1947 年的"宪法"基础，以"内阁制"为主要导向，又要照顾到原来孙中山"五权宪法"的构架，后来又引进了法国式半总统的某些设计，这之间有些内容是相互矛盾的，而这些冲突在 7 次"修宪"过程当中并没有完全解决。到现在为止，台湾"宪政体制"存在着内部法理上的矛盾，当然

运作上也有一些矛盾，理论和实践之间往往就很不一致，就导致诸多的"乱象"。

于是，有的学者就给"支招"说，如果要使台湾的"宪政体制"更合理的话，总得要偏向于某个东西，达到逻辑上的自洽，并且能够满足台湾治理的现实需要。比如，今后的"宪政"就以1947年宪法作为基本精神，走向"内阁制"，"总统"就不宜直接民选。但是，反对意见马上就说了，这样搞的话，就偏离了台湾公众的期待，因为台湾的中国人好不容易奋斗了这么多年，可以选"总统"了，现在搞来搞去又把它免了。老百姓总觉得还是应该有一个当家人为好，所以有一种意见就觉得"内阁制"不行，直选"总统"已经取得的成就也不能轻易地放弃。如果要搞一个更彻底更纯粹的"总统制"，就必须要取消现在"行政院"才是"国家"最高行政权力机构的这个规定，要明确规定"总统"就是最高行政权力机构。另外，现有的"立法院"和"行政院"的相互制衡机制就要取消掉，在"总统制"条件下，没有必要搞那套"国会"可以对行政机构提出不信任，"总统"又可以宣布"立法院"解散，这套东西属于"内阁制"相互调整、相互制衡的办法，在"总统制"下不是这样。现有的"宪法"有关这方面的规定就要重新修改，但是这个修改是一个很大的工程，所以真要走向"总统制"也不容易，尽管民进党很多人一直主张台湾应该搞"总统制"，不仅是民选"总统"，而且在整个制度设计上应该突出"总统制"的原则。但是现在看来，真正要这么干也不是件容易的事儿。

何况，纵观台湾几十年"行宪"、"修宪"历程，令人匪夷所思的是，每次"修宪"皆会导致"总统"权力突破制度之举，"总统"之权犹如价格听证会"逢听必涨"一样，那也是——"逢修必涨"。"宪政"制度中的权力制衡原则在强势"总统"面前呈现无可奈何之尴尬境地。当"总统"专权或忤逆民意时，"罢免案"很难成行，"宪政"陷入僵局，于是政治乱象不断、政治风波频仍，政府空转虚耗的危机便不可避免。比如，2006年岛内民众及在野势力针对陈水扁家人、亲信的贪腐行为采取的反对手段包括，体制内"罢免案"、体制外百万民众捐款、上街静坐、和平请愿等，均不能对陈水扁贪腐政权构成直接威胁。反对一方要求陈水扁必须下台，陈水扁表示一定做到任期结束，朝野形成僵局，以致社会动荡不安，经济提升更成奢望。

毫无疑问，此类政治乱象貌似朝野之争、权力之争、反腐之争，但究其根源，台湾"宪政体制"自身结构性缺陷才是民主政治乱源之本。

（一）七次"修宪"后的台湾"宪政体制"

经过 1991—2005 年 7 次"修宪"后的台湾"宪政体制"之所以备受争议，部分原因是由于台湾目前的"宪政体制"掺杂了多种西方宪政体制的特性，导致没有一个明确的定义。一开始是以混合的形式出现，但长久被投以内阁制的想象，而实体发展上又贴近"总统"制、双首长制，导致"宪政"僵局和政治乱象时有发生，成为社会乱源之一。

附：台湾七次"修宪"相关情况

时　间	"修宪"事件	背景及情况	主要内容	时任"总统"
1991年	第一次"宪法"增修	"动员戡乱时期临时条款"废止，增加10条"宪法"增修条文。	1.赋予"总统"发布紧急命令的职权。2.明定两岸人民权利义务关系，得以台湾地区与大陆地区人民关系条例规定之，中共不被视为叛乱团体。	李登辉
1992年	第二次"宪法"增修	第二届"国民大会"代表经由选举产生后增加8条。	1."国民大会"得听取"总统""国情报告"。2."总统"、"副总统"改由"中华民国"自由地区全体人民选举产生。3.地方自治，开放省市长民选。4.监察委员改由"总统"提名；同时将"总统"对"考试院"、"司法院"、"监察院"有关人员的提名，改由"国民大会"行使同意权。5.明定"司法院"大法官组成"宪法法庭"，审理政党"违宪"的解散事项。	李登辉

续表

时　间	"修宪"事件	背景及情况	主要内容	时任"总统"
1994 年	第三次"宪法"增修	全盘调整"宪法"增修条文为 10 条。	1. 确定"总统"、"副总统"直接民选，罢免案须由"国民大会"提出，经人民投票同意通过。2. "总统"发布依"宪法"经"国民大会"或"立法院"同意任命人员的任免命令，无须"行政院院长"的副署。	李登辉
1997 年	第四次"宪法"增修	全盘调整"宪法"增修条文为 11 条。	1. "行政院"院长由"总统"任命之，毋庸经"立法院"同意。"总统"于"立法院"通过对"行政院"院长之不信任案后 10 日内，经咨询"立法院"院长后，得宣告解散"立法院"。2. 对于"总统"、"副总统"弹劾权改为由"立法院"行使之，并仅限于犯内乱、外患罪。将复议门槛由 2/3 降至 1/2。3. "司法院"设大法官 15 人，其中设"院长"、"副院长"各 1 人；大法官任期 8 年，不分届次，个别计算，不得连任。4. 冻结省级自治选举。	李登辉
1999 年	第五次"宪法"增修	修正"宪法"增修条文第一条、第四条、第九条及第十条条文。	1. "国民大会"代表于任期中遇"立法委员"改选时同时改选，连选得连任。2. 第三届"国民大会"代表任期至第四届"立法委员"任期届满之日止，不适用"宪法"第二十八条第一项之规定。	李登辉
	第六次"宪法"增修	2000 年 3 月"司法院"公布大法官释宪内容，宣告因违背"修宪"正当程序，"宪法"第五次增修条文即日起失效。随后，"国民大会"全文修正"宪法"增修条文，共计 11 条。	1. "国民大会"代表 300 人，于"立法院"提出"宪法"修正案、"领土"变更案，经公告半年，或提出"总统"、"副总统"弹劾案时，应于 3 个月内采比例代表制选出之。2. "国民大会"之职权为复决"立法院"所提之"宪法"修正案、"领土"变更案；议决"立法院"提出之"总统"、"副总统"弹劾案。3. "国民大会"代表于选举结果确认后 10 日内自行集会，"国民大会"集会以 1 个月为限。"国民大会"代表任期与集会期间相同。4. "副总统"缺位时，改由"立法院"补选。5. "总统"、"副总统"之罢免案，改由"立法院"提出，经人民投票同意通过。6. "立法院"于每年集会时，得听取"总统""国	李登辉

续表

时　间	"修宪"事件	背景及情况	主要内容	时任"总统"
			情报告"。7. 增列"中华民国""领土"，依其固有之疆域，非经全体"立法委员"依法决议，并提经"国民大会"依法复决同意，不得变更之。8."司法院"大法官除法官转任者外，不适用"宪法"第八十一条及有关法官终身职待遇之规定。9."总统"对"司法院"、"考试院"、"监察院"等三院有关人事的提名，改由"立法院"行使同意权。	
2005 年	第七次"宪法"增修	"立法院"提出"宪法"修正案，经公告半年后选出任务型"国大代表"300 名复决通过"宪法"修正案	1."立法院"、"总统"、"副总统"弹劾案须经全体"立法委员" 1/2 以上之提议，全体"立法委员"2/3 以上之决议，由"司法院"大法官审理。2. 废除"国民大会"，改由公民复决"宪法"修正案、"领土"变更案。3."领土"变更、"修宪"程序："立法委员" 1/4 提议，3/4 出席，出席委员3/4 决议，公告半年后，经"中华民国"自由地区选举人投票复决，有效同意票过选举人总额之半数，即通过之。4."立法委员"自第七届起，席次减为 113 席。	陈水扁

1. 似"内阁制"而非"内阁制"

世界上现行的内阁制（或称议会制）一般具有三大特征：

（1）元首为礼仪性质，阁揆为行政首长。内阁制中阁揆是行政首长，一切行政政策由内阁会议议决，元首仅拥虚位。法令经议会通过后，由元首签署公布前必经阁揆及有关阁员之副署，以示内阁代元首向议会负责。因此内阁负实际政治责任，元首不必负责，故又称为"责任内阁制"。

（2）内阁与议会一体，阁揆通常是议会领袖。阁揆及阁员一般从议会议员中产生，并在任职后保留议会中的议席。阁揆往往由议会多数党领袖担任，由元首象征性任命之，但当多数党的席次不过半数时，几个少数党也可通过建立同盟积聚过半议席而获得任命阁揆的权力，此时称为联合政府、联合内阁。

（3）内阁与议会相互制衡。内阁必须取得议会信任，如果内阁的提案遭到议会拒绝或否决，此时内阁要么集体辞职，要么呈请元首解散议会，由元首下令重新举行议会选举。

与此相比，台湾最早的"宪法"就是按照内阁制（或议会制）来设计，1946 年主导起草"中华民国宪法"的张君劢，就曾把五权体制称为"倾向内阁制的五院制"或"修正式内阁制"。台湾现行的"宪政体制"难免有相似之处。

首先，台湾"阁揆"（"行政院长"）为形式上的行政首长，"元首"（"总统"）签署公布法令前需经"阁揆"之副署。台湾"宪法"规定，"总统"公布法律、发布命令，须经"行政院院长"及有关"部会"首长之副署。

其次，"内阁"（"行政院"）向"议会"（"立法院"）负责，"元首"不必负责。台湾"行政院"向"立法院"提出施政方针与报告，并接受"立法委员"质询；"行政院"所提之复议案，如经全体"立法委员"2/3 以上维持原意，"行政院长"即应接受该决议。

但是台湾"宪政体制"又显然不是"内阁制"。最明显的就是"元首"具有实权，且权力很大。"总统"具有"行政院"、"司法院"、"监察院"、"考试院"首长的任命权或提名权。"总统"是"最高军事统帅"。甚至，在"立法院"通过对"行政院长"的不信任案后，"总统"可主动解散由选民选举产生的"立法院"。

第三，"阁揆"及"阁员"不出自"议会"。台湾"行政院"全体成员没有"立法委员"身份，"行政院"成员的产生与"立法院"没有根本联系。

2. 似"总统制"而非"总统制"

总统制是共和制政体之一，其主要特征有：

（1）总统民选，总统既是国家元首又是政府首脑，总揽行政权力，公布法律、发布命令不需副署；政府官员由总统任命，向总统负责。

（2）议会民选，总统无权解散议会，议员不能对总统投不信任票，但若总统违宪，议会可对总统提弹劾案，交由最高法院审理。

（3）行政机关和立法机关相互独立。议会议员不兼任行政职务，政府官员也不兼任议员。

就台湾而言，经过一次又一次的"修宪"后，其体制与总统制有较高相似度。第一，台湾"总统"是民选产生，且"总统"对"行政院长"有任命权，不需经"立法院"同意，相当于最高行政长官。第二，"立法院"也是民选，议员不能对"总统"投不信任票。第三，行政机关和立法机关相互独立。

但是，台湾这种体制有其奇妙之处：台湾"宪政体制"下"行政院长"从法律条文和文本上虽说向"立法院"负责，而不向"总统"负责，但实际上"行政院长"必须唯"总统"马首是瞻。否则，"行政院长"很难干的长久。台湾"总统"拥有解散议会、提议举行"公民投票"等权力，甚至可以在紧急状态时行使非常权力，其权力比总统制下"总统"的权力更大。这是很恐怖的。

3. 似双首长制而非双首长制

双首长制又名半总统制、混合制，是一种同时具有总统制和议会制特点的共和制政体，其定义并不明确，一般用以指称元首直接民选，享有若干特殊权力，并和一个向议会负责的内阁并存的制度。其特征主要有以下几点。

（1）总统为国家真正的权力中心。双首长制下的总统作为国家元首拥有相当程度的行政权，且有一些特殊权力。

（2）内阁独立于总统之外，存在换轨机制。该内阁与总统在形式上并无交集，有其自身阁揆，内阁向议会负责。所谓换轨机制是指，当总统所属政党在议会占多数席位，总统所委任阁揆就是总统所属政党，此时国家由总统主政。但若在野党在议会过半，那么总统就会任命在野党所推举的人为阁揆，由在野党主政，此时总统与阁揆共同治理国家。

（3）议会权力相对缩小。总统由选民直接选举产生，议会仅能从立法上对其实施影响,但不能利用不信任案迫使其辞职。

台湾的"宪政体制"与双首长制有很大的趋同性。首先,台湾"总统"拥有相当之权力,并与向"立法院"负责的"行政院长"共同享有行政权,在形式上与双首长制一样形成二元的权力结构。其次,台湾"总统"具有一些特殊权利。如"总统"经"行政院"会议之决议与"立法院"之追认,拥有紧急命令权。最后,"立法院"权力相对其他体制明显缩小,一定程度上受"总统"节制。在"立法院"通过对"行政院长"之不信任案后,"总统"有权解散"立法院";对于"立法院"决议,"总统"有权核可"行政院长"提出复议案。

但是,台湾的体制也有与双首长制不同之处。例如,台湾的畸形双首长制中没有换轨机制,即当"总统"不属于"立法院"多数党时,"总统"仍然可任命少数党人员为"行政院长",保证当局事务基本在"总统"控制之内。在这种情况下,如行政运作陷入僵局,则"立法院"没有解决问题的有效方法。因为台湾"宪法"规定,如果"立法院"通过对"行政院长"之不信任案,"总统"将在"行政院长"提出呈请案后解散"立法院",即所谓的"玉石俱焚"条款。由此令人感觉台湾的体制更像是"单首长"的。

总之,目前台湾的五权分立"宪政体制"既非内阁制,也非总统制,同时也不是完全的双首长制,被戏称为"四不像宪政体制"。陈水扁就曾经在自己的一次演说中指责说,"台湾目前的宪政体制,不是总统制,不是内阁制,也不是真真正正的双首长制,我们的宪政体制,可以说是乱七八糟"。话是这么说,其实他正得益于这种"乱七八糟"、"四不像"的体制,在其贪渎案发生后,都还借助于这体制而继续影响着台湾社会。在台湾社会特有的政治历史文化背景下,经过7次"修宪","总统"实际上拥有超越"宪法"设定的权力,但同时又可规避"宪法"规定的相应责任,"总统"有权无责,一旦在任内忤逆民意或执政失职,几乎没有或很难有办法对其实施制约或纠正,很容易形成"宪政"僵局,在一定程度上"总统"权力有帝王化的倾向。如果一定要给此"四不像"体制取名，不妨叫做"偏向总统制的双首长制"。

畸形的政治体制必然导致很多政治乱象。不计代价稳固"总统"宝座和无限追逐"总统权力"，就是最大的政治乱象。它直接导致党派在"总统"民选过程中使尽卑劣招数，什么"奥步"突现，什么"子弹选票"、"地下赌盘"等等，直接成为"总统"选举的衍生物。台湾的政治生态环境本就不怎么文明清净，各种政治派系复杂多变，一遇到"总统选举"就各施法术，将杂乱的政治生态明显恶化下去，小规模政治地震和大规模政治海啸时有发生。从根本上讲，不是作为为公民谋求利益而仅仅是为部分党派谋求利益的政治体制，正是诱发和催生政治乱象的源头。

（二）台湾"宪政体制"缺陷衍生的苦果

如上所述，在台湾目前的"宪政体制"、增修条文中，"总统"、"行政院长"权责混淆，"总统"不受任何监督，有权无责，而"行政院长"要向"国会"负责，却有责无权，于是，在许多时候，"总统府"和"行政院"就不免发生冲突。比如，1999年发生的"证交税调整案"，当时台湾股市低迷不振，工商界人士纷纷建议台当局停止征收或是调降证券交易税，来救活股市。但一直到春节前，"行政院长"萧万长仍坚持，基于社会争议、租税公平和大众权益，将不调降证交税的立场。可是，萧万长在坚持多时后，迫于"总统"李登辉的压力，突然改变立场，宣布将调整证券交易税，结果引发"行政院"与"总统"及"立法院"关系紧张的政坛风波，甚至传出萧万长考虑挂冠求去的消息。这是一个经常被学者引用的很典型的台湾"总统府"和"行政院"意见冲突的例证，也是"总统府"和"行政院"意见冲突的一个序幕。此其后，或隐性的或显性的，这一类冲突时不时会发生在台湾政坛，造成一种完全不符民主政治中责任政治理念的乱象。

而且，根据西方民主国家的经验，无论是总统制、内阁制或者双首长制，国会皆在决策过程中扮演举足轻重的角色。若无国会多数党支持，行政部门根本无法主导政策与立法。而就台湾制度而言,"总统"与"立法院"分由选民选出,如二者分属不同政党主导,若由"立法院"多数党或多数党联盟主导"内阁",自能确保行政与立法权合一,并有助于提升行政部门的效能。然而,不可否认,选举时"立法院"可能由反对党或反对党联盟占去多数席位,纷争必然加大,乱象难免。

台湾政治之所以持续不稳定,一个重要的原因在于台湾这种"宪政体制"导致的政治结构与政治权力的失衡,在很大程度上造成了台湾朝野各个不同的党派、政治势力和民众对台湾政治体系结构的认同危机,进而衍生出种种民主乱象。

1. 台湾"宪政体制"的政治认同度低下

由于历史政治原因,台湾"宪法"的许多条款不能适应已经变化了的时代要求,且部分制度有缺陷。于是,台湾绿营政党为了其政治利益,以这些缺陷为借口,长期煽动社会对"宪法"的不认同,不断推动"修宪"、"宪改",主张"台独"的李登辉、陈水扁主导完成了台湾"宪法"的所有7次增修,却也仅仅解决了"总统"权力增大、"总统"和"行政院"、"立法院"的关系、"国民代表大会"改革等部分非涉及民生的问题,并没有能够解决民众在法制社会的主体性问题。而且许多条款仍与现实生活有较大出入,部分制度仍存在明显缺陷。正因为如此,台湾社会许多党派对此无法产生"政治认同"。陈水扁上台后,就曾一直希望通过"选举新国会、制定新宪法、建立新国家"来彻底否定以"中华民国宪法"为基础的台湾"宪政体制",建构起一个新的"宪政秩序";指望通过制定"一部合时、合身、合用的新宪法",让台湾成为"主权独立的正常、完整、伟大的民主国家"。他的"毁宪"行为充分体现其代表的绿营政党不认同、不尊重台湾民主政治的基础——"宪法"和民意。"宪法"受到挑战,权威性就一落千丈;民意一旦不能尊重顺从,政局和社会的动荡也就成为不可避免。

谁都知道,在现代社会,宪法是一个国家或地区生存和发展的法理基础。民意是社会稳定的必要条件。当台湾的主要政党之一的民进党不尊重现行"宪法",挖空心思"修宪",有意煽动民众对"宪法"的不认同意识时,台湾的政局如何能稳定?台湾的民主政治如何不产生危机?台湾政治环境如何向良性轨道发展?

2. 台湾"宪政体制"架构缺陷孕育行政立法冲突对立

台湾"宪政体制"架构缺陷引发"行政"和"立法"冲突对立,是有目共睹的。诚如上文所言,台湾"宪政体制"的缺陷主要表现在"总统"与"行政院长",以及行政与立法部门权力分配和责任分担的关系不明确上。"总统"威权无比,有权无责;"行政院长"有责无权,常常充当"御用"角色;"立法院"有名无实,无法对"总统"和"行政院长"形成有效的监督和制约,很容易导致"总统"有恃无恐;"行政院"行政力不从心,执行力差;"立法院"监督制约流于形式。

一般来说,按照半总统制的惯例,当元首和议会的多数党属于不同政党时,此时元首应该选择任命议会多数党的人选为阁揆。如果内阁为议会多数党所同意之人选,那么内阁提出的议案就不可能出现议会通不过的问题。相对的,议会对于内阁提出的法案也不会轻易否决。2000年,陈水扁当选台湾地区"总统"后,由于在野的国民党在"立法院"中占多数席位,陈水扁开始还算"按牌理出牌",任命国民党籍唐飞为"行政院长"。此举是符合一般做法,有利于行政、立法一致的。

然而,不久却发生了"核四续建"的争议。这又是一个非常典型的行政、"总统"、立法三者矛盾对立的案例。"核四"是指台湾第四核能发电厂,这场围绕"核四"停建或续建的争议,可谓旷日持久,且头绪纷乱。核能第四发电厂计划其实早在1980年便已提出,1986年由于切尔诺贝利事件的发生,时任"行政院长"俞国华鉴于各界质疑声浪不断,加上用电成长趋缓,指示暂缓兴建;同年7月,预算即遭"立法院"冻结。但是,1992年,"立法院"预算委员会通过了解冻"核四"预算案,建厂工程逐步开始了。1996年5月24日,"立法院"又通过了一个决议废止所有核能电厂兴建计划,建厂工程停工善后,相关预算缴回。"行政院"随即于6月12

日提出复议案。10月18日，在民进党及新党党团缺席下，复议案获得通过，至此"核四"又可动工。1999年3月17日，"核四"厂正式动工兴建。2000年10月27日，民进党籍"总统"陈水扁为履行选举中对反核人士做出的承诺，由"行政院长"张俊雄宣布将不继续执行由"立法院"通过的"核四"兴建预算案，"核四"再次停建。但是，2001年1月15日，司法院大法官作出"释宪"，称"核四"停建属于重要政策的变更，"行政院"未事先向"立法院"提出报告而片面宣布停建"核四"，与"宪法"规定不符。1月30日，"立法院"再予确认核能四厂预算具有法定预算效力。在"违宪"以及巨额违约金的双重压力下，经"行政院"与"立法院"多次协商，最后在2月13日达成"核四"复工协定。2月14日，"行政院"正式宣布第四核能发电厂工程复工……就这样，陈水扁主张停建，而国民党主张续建，导致唐飞无法作为而辞职。但唐飞去职后，争议远未结束，张俊雄等几任"行政院长"都身陷其中，不能自拔；甚至在陈水扁下台之后，这个争议仍在继续。2010年7月9日，"核四"进行系统测试时，因不断电系统未能启动而宕机28小时，超出核子反应炉可接受的8小时安全期限，安全性引争议。2011年3月，日本福岛核电站又发生事故，"核四"安全性争议声四起。2011年7月，"行政院"原子能委员会会议表示对"核四"兴建过程的不满，指出依照美国标准，"核四"该停工，并讨论重大安全问题。"核四"电厂原计划于2011年底开始商业运转，但由于各方疑虑，台湾当局决定对"核四"进行检视和补强，商业运转日期被无限期延后。

这一局面产生的原因就是台湾"宪政体制"的不成熟与制度缺陷。一方面陈水扁作为"元首"不应强推"立法院"不会通过的议案；另一方面台湾"元首"没有主动解散"立法院"的权力，导致"元首"与"立法院"不一致时无法打破冲突对立的僵局。

唐飞辞职后，当时的陈水扁为了避免重蹈覆辙，保证自己的"政令"得到有效贯彻，决定任命民进党人士为"行政院长"，这一做法使得行政立法对立进一步恶化。作为"立法院"少数党的民进党，完全掌握行政权，以"行政院长"作为马前卒、"总统"作为坚实后盾，与国民党占优势的"立法院"展开全面争夺。由于陈水扁不尊重双首长制的换轨机制，再加上"立法院"除了"玉石俱焚"条款并无其他手段可以解决对立问题，最后争夺的结果是，陈水扁任内总共调整了5任民进党籍的"行政院长"，他们是张俊雄、游锡堃、谢长廷、苏贞昌、张俊雄，这也是台湾政局动荡不安，行政效率严重降低，经济社会发展大幅减缓、甚至陷入停滞状态的重要原因。

附：陈水扁任内的六任"行政院长"

扁当局阁揆任期	时　间	人　选	下　台　原　因
第一任	2000年5月—10月	唐　飞	国民党籍，因核四电厂续建争议被迫辞职。
第二任	2000年10月—2002年1月	张俊雄	民进党籍，在国亲分裂情况下民进党成为"立法院"第一大党，张以完成所托为由率"内阁"总辞。
第三任	2002年1月—2005年1月	游锡堃	民进党籍，泛绿阵营在"立委"选举中未过半，游"内阁"总辞以示负责。
第四任	2005年1月—2006年1月	谢长廷	民进党籍，谢"内阁"以总预算案复议未获在野党支持为由总辞。
第五任	2006年1月—2007年5月	苏贞昌	民进党籍，苏因竞选民进党"总统"提名失败，为方便选举布局而请辞。
第六任	2007年5月—2008年5月	张俊雄	民进党籍，马英九当选"总统"，任命刘兆玄为新任"行政院长"，张因而下台。

3. 监督机制缺失催生执政傲慢与权力腐败

台湾的政治体制是按权力制衡与监督原则设置的，然而在台湾的政治生活中，权力监督制衡机制却不健全，或"虚设化"，使得执政者的权力其实不易受到真正的制衡与监督，常表现出一种行使权力的傲慢，当权者肆无忌惮地运用手中的权力损害其他党派和团体的利益，损害多数台湾民众的利益。因而,导致腐败、以及政治危机的情况也就经常发生。

　　台湾最高监察机关是"监察院",行使弹劾权、纠举权及审计权。其功能职责类似于中国古代之御史台,防范政府机构与官员侵害人民权益、贪官污吏、贪赃枉法等损害民众利益之事。按照"中华民国宪法"原初的设计,"监察院"院长、副院长由监察委员互选产生,但此后"修宪"将其改为由"总统"提名产生。第四次"修宪"又将"监察院"之正副"总统"弹劾提案权取消,改由"立法院"行使。至此,"监察院"监督权力、范围被严重缩小,尤其对"总统"不再有监督权力。许多年来,台湾社会不间断地冒出司法、卫生、教育、军界等部门、行业权力腐败,贪污受贿案件,就是这种监督机制缺失的后果。台湾经过多次"修宪"后,"总统"享有"行政"、"外交"、军事等多方面的权力。"总统"权力无限扩展后很可能出现权力滥用的情况,但是现行的制度却无法对其形成有效的约束和制裁。"立法院"虽拥有弹劾提案权,但当"总统"属"立法院"多数党时,此权形同虚设。即使弹劾案通过,交由"司法院"裁决,由于"司法院"长是"总统"提名,很难做到制衡和完全公正。陈水扁就是典型例证。台湾"总统"过于集中和宽泛的权力以及监督制衡机制的缺乏,使得陈水扁在使用权力的时候毫无顾忌,成为不少政治危机的导火索。陈水扁在权力行使上我行我素,台湾监督机制几乎形同虚设,制度缺陷纵容贪腐和违法行为,最终导致民主政体下举世罕见的陈水扁"元首"贪腐案出现,且贪腐的手法多样,贪腐的资金总额都在数亿以上。无独有偶,2012年春,台湾媒体多有报道李登辉任"总统"期间贪贿金额也达两亿之巨,这更进一步说明监督机制的缺失,"总统"权力独大,确实是"元首级"贪腐现象的根源之一,也确实在现实生活中助长了贪腐现象的泛滥。

　　除了行政制度监督外,现代司法检调制度往往作为维护公理正义的最后一道防线,扮演着仲裁一切政治、法律争议,公平、公正地维护政治和社会秩序的角色，最为关键。台湾的司法制度能否履行解决危机的神圣使命呢？事实证明，台湾"宪政体制"中的司法制度由制度设计所带来的固有缺陷，导致台湾的政治危机依靠司法防线根本得不到消解。从台湾的司法体系设计来看，台湾"司法院"、"最高检察署"、"最高法院"等都被行政权力所节制，在审理办案过程中必然受到行政系统影响。2004年连战和宋楚瑜提起的选举"当选无效"和"选举无效"诉讼案最终在陈水扁当局的主导下败诉，"3·19枪击案"在经数年调查后也不了了之。2005年开始的陈水扁当局系列弊案的调查审理工作直到2008年陈水扁下台后才开始有重大进展。台湾司法体系长期为社会民意所诟病，2011年初，有调查显示，78%的民众对法院审理案件持质疑态度，74%的民众质疑检察官办案公正性。2011年5月，台湾"远见民调中心"进行的"台湾信任调查"中，总共21个社会信任对象的排序，法官及检察官仅分别占第16名与第15名，沦落至和江湖命理师、"名嘴"同一方阵。

4.危机解决机制的缺失导致执政水平下降

世界上还不存在完美的政治制度，政治危机的发生也就在所难免；经济发展有许多不确定因素，故而经济危机（金融危机）也很难避免；社会管理是一个庞大而复杂的系统工程，因而社会危机的出现更是常事；加上人力不可控的天然因素，自然灾害发生也是常事。台湾社会建立了许多法律条文和制度，也有应对各种危机的机制和组织。但是，台湾社会因党派林立，行政力量到不了"神经末梢"，"政府"的可控力到不了最基层，这在客观上导致解决危机、突发事件能力的下降。台湾号称"民主政治"，但由于政治认同度较低，当局出台的许多政策条文得不到各党派各阶层完全响应，解决危机的功能力量不足，尤其是蓝绿两大阵营之间政治对立非常严重，双方高度不信任，基本形不成处置危机的共识与合力。蓝绿之间经常出现执政党强行施政、野蛮施政，在野党为反对而反对、故意杯葛的情况。一旦矛盾激化，不但旧的危机未能全面化解，就又导致新的政治危机出现。在政治制度的解释和运用上，各方亦是各取所需，只认同对自己有利的制度及其解释。这说明台湾危机解决的制度化水平和科学化水平均不高，难以从根本上化解政治危机产生的根源。从台湾处置每年常有的"风灾"、"水灾"，以及时常出现的军用飞机失事、旅游伤亡事故等来看，执政者的能力水平与大陆相比，都存在很大差距。

总之，宪政体制是一个社会历史经验的总结，也是政治现实的有效反映。台湾"宪政体制"虽然随着政治的发展不断修正，特别是经过20世纪90年代以来的多次修改，仍然无法化解其结构性的矛盾，同时在一定程度上也导致了台湾现实政治生活中无法调和的朝野冲突。只要民进党不淡化和消除意识形态主导的路线，台湾就无法走出政党无序竞争的迷途和困境，台湾"宪政体制"就很难得到修正，二者相互影响而引发的政治乱象就难以消除。

二、台湾政党体制对"民主政治"的影响

20世纪90年代以来，台湾地区政党政治的变化最明显的例子，应该说是反对党从体制外进入体制内，并上台执政。

在此之前，国民党在台湾的政治转型过程中主导了"宪政改革"和选举，而"宪政改革"为政党体制转型和演变奠定了制度基础。

随着台湾"宪政改革"的深入，在"党禁"解除后，新组建的100多个党团中，实力最强、影响最大的民进党在"本土"土壤中"发育良好"，从"党外势力"中脱颖而出，以"草根"起家，以律师、学者为领军人物，在"宪政改革"的进程中，以滚雪球的方式迅速发展壮大，竟在极短时间内成为国民党的竞争对手，而且竞争实力奇强，不仅在台湾两度执政，而且始终影响着台湾政坛格局。

台湾这种竞争性政党体制的形成，给台湾社会带来了多方面的变化，在培养了台湾民众民主素养的同时，亦滋生了参政无序化、政治信仰缺失、黑金政治等政治恶果。

（一）台湾竞争性政党体制的形成

国民党退踞台湾后，初期继续沿用其在大陆的"党国一体"统治体制，但随着台湾政治社会环境及国民党内部的变化，台湾的政党体制经过半个多世纪的发展，逐步由非竞争性一党制转向竞争性政党体制。

这种竞争性政党体制在台湾民主化过程中逐渐形成，是多因素共同作用使然。其中有来自"党外势力"的竞争，特别是民进党迅速"坐大"的"外部因素"。

但同时，在国民党方面，由于内部出现了分化瓦解，党内的派系之争也不断加剧，这在客观上推进了台湾政党体制朝竞争性方向转化的历史进程。这阶段的台湾政党体制，虽然国民党仍然掌握着巨额的社会政治经济资源，处于政党选举中的优势地位，但政党竞争的趋势已经形成并且不可逆转，尤其是民进党在本土力量的支持下迅速发展，成为抗衡国民党的最大在野力量。台湾政党体制开始了由非竞争性一党体制向竞争性多党体制的质变。

1. 非竞争性一党制能坚持多久？

1949 年国民党败退台湾后，其政治体制实行的是其在大陆时期所推行的一党专制体制，即党权高于一切、垄断一切、决定一切、以党代政的非竞争性一党制。

国民党在大陆时期，为了维护一党专制的统治，曾残酷杀害共产党和其他民主党派。但国民党自身内部却是派系林立，矛盾重重。国民党败退台湾后，蒋介石吸取失败教训，训导全党人士"不能再见党内派系倾轧，人事纠纷的现象"，"党员不能再有败坏纪纲，蔑视组织的行径"，"不能容忍过去招致大陆沦亡的一切观念行为和作风用到台湾来"，使其"重蹈大陆各省的覆辙"。为此，蒋介石在 1950—1952 年对国民党进行了党内改造。同时，为了实行一党专制，除允许从大陆带来的有"民主象征"意义的青年党和民社党合法存在外，国民党颁布了"党禁"法令，不允许成立任何政党，并且对各种反对势力进行分化瓦解，确保国民党一党独裁统治。

1975 年 4 月，蒋介石病逝后，台湾历史进入蒋经国时代。蒋经国早期大体沿用蒋介石的治台策略，台湾政党体制仍处于非竞争性一党制状态。这一时期，台湾依然是国民党专制统治，蒋经国虽然着手推动"政治革新"，但并没有制定组织政党的法律依据，选举亦未开放。非竞争性一党制只是受到了"党外势力"的挑战，尚未造成致命威胁，但到底还能坚持多久，已经是值得国民党深思的问题。

2. 向竞争性政党体制过渡不可逆转

20 世纪 80 年代后，国民党在压制"党外势力"的同时，也意识到了岛内外局势的变化。为了适应时代在变、环境在变、潮流在变的现实，蒋经国开始着手进行朝竞争性政党体制转变的"政治革新"——解除"党禁"、"报禁"。"党外势力"为了争夺资源，打着"民主自由"的旗号，冲击着国民党的"戒严"统治和"言论不自由"底线。随着台湾"党禁"解除后，新建政党如雨后春笋，纷纷组建，一下子就冒出 100 多个新组建的党团。

在民间涌现很多政党的同时，国民党内部也出现了明显的分歧和派别之争，进而加快了台湾政党体制朝竞争性方向转化。这阶段，虽然国民党仍然掌握着巨额的社会政治资源，处于政治选举中的优势地位，但政党竞争的趋势已经形成并且不可逆转，尤其是民进党在本土力量的支持下迅速发展，成为抗衡国民党的最大在野力量。它代表着"本土力量"与执政的"外省"的国民党围绕着政治、经济、文化、宗教、社团、族群等展开了激烈的你死我活的争夺。台湾政党体制开始了由非竞争性一党体制向竞争性政党体制的转变。

3. "政党轮替"形成新的政治格局

到了 2000 年台湾"大选"，国民党分裂出两派人马自相残杀，结果是民进党及陈水扁渔翁得利，国民党沦为在野党，民进党成为执政党，台湾实现了首次"政党轮替"，政党体制走向完全竞争时期。"政党轮替"的实现与蓝绿两大阵营的形成表明：台湾竞争性政党体制已经形成，并将向着稳固的方向发展。

以国民党为代表的"泛蓝"阵营和以民进党为代表的"泛绿"阵营一直是台湾社会主要的政党竞争力量，并且将以选举为手段争取抢夺执政权。由于民进党在2000年"大选"中胜出，4年后又以"两颗子弹"演绎蝉联传奇。这样，国、民两党都具备了执政经验，且双方都基本遵守已经形成的竞争规则，台湾竞争性的政党体制逐渐趋向稳定。国民党在2000年沦为在野党后，痛定思痛，重新整合"泛蓝"力量，2004年再次败北，又迫使国民党加大整合和改革力度，重塑自我形象，终在2008年"大选"中胜出，重新执政，实现了第二次"政党轮替"。从此，台湾蓝绿两党竞争态势呈现常态化，台湾"政党轮替"新的政治格局形成，且政党竞争性体制逐渐趋向稳定。

（二）台湾政党体制对民主政治的负面影响

台湾多党体制给台湾民主政治带来了巨大的负面影响，它直接引发了派系政治、金钱政治、媒体政治、宗教社团政治、族群政治等眼花缭乱的繁杂世相，致使民众参政无序化，崇高庄严被解构、政治信仰严重缺失。

所以，台湾政党在执政上的轮替，只是表明台湾社会完成了政党"轮流做庄"的任务，并不表明政党"轮流做庄"就一定会推进台湾社会的历史全面进步。这是两个问题，必须分开来表述。我们特别应当看到的是，民主选举不过是一种手段，竞争性政党政治不过是一种模式，它不是人类社会追寻的目标，更非终极目标。"民选政治"、"党派竞争政治"，到底给台湾社会带来了何种历史性进步呢？对于促进社会生产力发展、改善人民生活、提高公民素养、以及培植现代人所期望的公平正义的价值理念，究竟起了怎样的作用呢？这是不能不追问的重大话题。从这20多年台湾社会经济和文化看，似乎很多方面都在原地踏步或徘徊，特别是陈水扁执政8年，社会动荡不安，经济萧条萎靡，两岸关系紧张，民众怨声载道。这就表明，"政党轮替"虽然实现，但并没有从实践上推动社会的进步发展，这样由"政党轮替"所体现的民主只是泛民主化，对于台湾民生问题，实在是毫无裨益，这不得不令人深思，这样的"民主"是否为真正的民主。

1. 政党派系斗争常态化最直接效应是不断生产政客

先说蓝营。1988年推选国民党代理主席时，"亲蒋（经国）派"和"拥李（登辉）派"互不相让，最终"亲蒋派"俞国华败北。李登辉担任代理主席后，为了巩固自己手中的权力，在1989年和1990年的两次"行政院长"人选问题上，利用"拥李派"打击"亲蒋派"，使俞国华不得不提出辞职。李登辉上台后的一系列做法导致国民党这个"百年老店"走上分裂的道路，首先从国民党中分裂出来的是"新国民党联线"。1995年第三届"立法委员"、"国大代表"和第九届"总统"选举中，因为国民党提名的人选不公平，李登辉违反诚信再次参选，"监察院长"陈履安先退党，后辞职，接着参加选举。林洋港和郝柏村也参加竞选，这样就造成了国民党内的两次分裂。2000年国民党在"总统"选举的失利，致使宋楚瑜另组亲民党，国民党又一次被切割。至此，一个国民党分裂为国、亲、新三党泛蓝阵营。至今泛蓝阵营内部斗争仍然剧烈。国民党2008年重新执政后，党内又形成了以"总统"马英九、国民党荣誉主席连战、吴伯雄及"立法院长"王金平为核心的各种势力，各力量之间在政策制定的主导权上一直进行着没完没了的斗争。在这样的背景下，许多政治人物因利益关系不得不撕破脸皮，大打出手，语言暴力，手段恶劣，最后沦落为"为政治而政治"的政客。

再说绿营。民进党内各派系围绕着党的主导权存在着激烈的斗争。早期的派系有"编联会"人员形成的"新潮流系"，"公政会"中的"美丽岛系"、"康系"、"前进系"和"超派系"等。进入20世纪90年代，民进党内部除了原有的派系外，又产生了"台独联盟"、"正义联线"和"福利国联线"三大派别。其中"正义联线"代表人物为陈水扁，"福利国联线"代表人物为谢长廷。这两个派系政治路线比较温和，得到一部分选民的认同，更容易赢得选票。1996 年民进党在"大选"中失败后，内部"激进派"和"务实派"的矛盾更加突出，最终"激进派"的成员脱离民进党，另立"建国党"，民进党由于内部斗争而分裂。李登辉卸任"总统"后又于 2001 年操纵组建"台联党"，吸引深绿选票。绿营内部各派势力各怀鬼胎，深绿、浅绿势力长期进行明争暗斗。民进党 2008 年"大选"失败后，新任党主席蔡英文与谢长廷、苏贞昌、游锡堃、吕秀莲"四大天王"也都开始培植各自人马，为争取民进党内的权力资源展开激烈竞争。2012 年"大选"民进党再次败北后，民进党内部先是进行党主席角逐，杀的昏天黑地。之后，蔡英文、苏贞昌、谢长廷、游锡堃等及新生代政界人物又开始了围绕 2016 年"大选"的新一轮争斗。

在台湾，由于蓝绿两大阵营派系林立，竞选时各不相让，甚至互相揭短，这些手法与政客而不是政治家（政治人物）所使用的伎俩相似，使得台湾社会没有了片寸安详清净之地。这就难免产生民众参政的无序化。选民面对众多的匆匆政客，不知道应当将选票投给谁更合适更显理性。这样的竞选玩过几回之后，许多台湾民众看不见他们投票之后能够得到什么利益，也看不见实行政党政治体制后社会进步之所在。相反，一旦"大选"来临，党派疯狂争斗愈演愈烈，平静的生活被打乱，使人不自觉地产生惊悸和恐慌心理。随着台湾社会诸多矛盾的凸显和加剧，台湾民众中的"政治冷漠者"开始增多。又随着民众对政治不信任感的增强，越来越多的民众开始视政治为畏途，消极地适应恶化了的政治生态环境，主动地远离政治生活。按理说，在蓝绿高度对峙、政客哄抢利益的氛围下，民众远离政治应该是政治参与心理趋向成熟的表现。但是，台湾产生政治疏离感的民众并不是那些有过度政治参与激情的民众，多数是相对理性的中间选民。他们的意识形态色彩相对淡薄，对政治、政党和政治人物的认知相对客观。当这些民众因为对政治乱象的失望和无奈游离于正常的政治参与生活之外，就已经宣告了选举文化的惨烈和多党政治竞争制度的失败。

2. 黑金政治下的政治信仰缺失

在台湾,"黑金政治"突然一夜之间成为台湾媒体出现频率最高的词汇。

黑金政治,简称"黑金",是一种政治现象,在实行民主政治的国家和地区中广泛存在。政治人物利用黑道、富人提供的暴力和所谓政治献金操纵赢得选举,取得官职,然后在其任职过程中,一方面以贪污受贿、许官办事等方式大肆敛财捞钱,另一方面以项目、工程,甚至政策支持,对曾经出钱的黑道、富人予以回馈复补。在西方比谁花钱多的选举政治中,政治献金被认为是政客们离不开的"润滑剂"。2012 年英国保守党内阁爆出政治献金丑闻,胜选后下调高收入者个税征收上限;法国总统萨科齐被爆曾接受卡扎菲数千万欧元的政治捐款;美国总统奥巴马曾公开抨击高等法院通过的"政治献金不再设上限"裁决会"导致金钱政治泛滥";日本因献金丑闻下台的首相和高官"前仆后继"。西方有学者在《政治献金:西方竞选制度痼疾》指出:政治人物与富翁结盟,"始终周旋在富裕朋友的圈子里,根本没时间顾及老百姓的死活","政党都是为有钱人服务的"。

台湾社会的黑金政治由来已久。早在国民党败逃台湾初期,蒋介石出于稳固台湾统治的政治利益需求,与台湾地方势力结盟,进行不正当的利益交换,私下里构成一种共生共荣的关系,亦即政治学上所说的"共犯结构",这就为黑金政治的发展蔓延提供了温床。随着经济自由化和政治民主化时代的到来,台湾党派、特别是政客,与黑道势力和无良资本家走得更加频密亲切。政客需要黑道人物与资本家提供"势力范围"与竞选金钱;黑道人物和资本家需要已经上台的政客为他们回报更大的经济实利。他们凭借着雄厚的资本,通过政治民主化的程序,介入地方政治之中,形成黑道化、商业化的地方特色政治。因此,台湾政治向民主化方向发展的同时,也隐藏着黑金政治的弊端。民进党自喻是"反黑金"的"旗手",而且是依靠"反黑金"打败国民党、走上执政道路的。但民进党上台后,为了扩大自身统治的社会基础,从上到下有选择地建立起了与黑道势力的互相利用关系，黑金政治不仅没有消除，反而以更疯狂、更多样的形式流行，严重腐蚀了台湾民主政治的基础，引发出更加丑陋的贪腐现象，陈水扁那句"阿扁没包袱、黑金一定除"的口号彻彻底底成为了一句笑话。特别是陈水扁的家庭弊案，涉及贪污数额高达数十亿新台币，里面就有相当一部分与黑金有关，一大批民进党高官要员牵涉其中，不仅影响民进党的形象，也给台湾民主的发展打上了一个大大的问号。2012 年 3 月，绿营大批"立委"、议员及团体发起所谓"特赦陈水扁联署"，有名嘴及评论员即认为是吴淑珍不久前在政论节目中放话"很多人都有拿钱，手中握有名单"的效果。陈水扁的钱与见不得人的黑金紧密相连，收了钱的绿营政客及政治势力都担心陈水扁"孤注一掷"、"放手一搏"。扁家种种手段导致民进党上下皆被恐吓利用，不得不联署特赦陈水扁。

黑金政治影响深远，无论是过去还是未来都是台湾民主发展的一大障碍。它在台湾民主化的过程中出现，是台湾政治民主化的副产品，贯穿于台湾政党体制发展演变的全过程，是台湾竞争性政党体制中的一个恶性癌体。正是由于"黑金政治"的存在，必然让善良的大众对社会、对政治产生失望情绪，甚至导致信仰缺失，精神毁溃。套用蒋经国的一段话说："民众失去了希望，国家就失去了民众，也失去了中心力量，也失去了精气神。"《天下杂志》曾经做过民意调查显示，台湾民众最痛恨的就是"黑金政治"。几乎每四位台湾人就有一位认为，"黑金政治"让他们觉得住在台湾不光荣，更有高达近六成的人明确指出，台湾贫富差距的恶化正是"黑金政治"所造成的。从这个意义上说，"黑金政治"是台湾社会万恶的源头，一点也不过分。

至于党派恶性竞争诱发"黑金政治"，"黑金政治"反过来导致党派更恶劣的竞争，从而造成的经济滑坡，民生凋敝，以及人性扭曲，人格分裂，道德沦陷，文化变态，等等，更是见怪不怪的事情。

总而言之，从威权时代的一党专制到解除"党禁"后的多党竞争机制，台湾"民主政治"过程所呈现的依然是政党制度很不成熟，政党之间恶斗、阵营内部争夺非常激烈，黑金政治使政党沦为政客、黑道、资本家谋求自身利益的工具。而这些无不严重影响台湾选民参政热情及政治信仰，实为台湾民主政治进程中的重症。

三、台湾文宣制度对"民主政治"的影响

曾经有媒体戏言：2012 年"大选"，不是蔡英文败给了马英九，而是吴乃仁败给了金溥聪。也就是说，按媒体这一观点，2012 年"大选"绿营输给了蓝营，输在哪里呢？就输在"文宣"上。

金溥聪与吴乃仁何许人也？他们分别是马英九和蔡英文竞选团队的"文宣"高人，各自负责蓝绿阵营"统一协调各地的选举文宣工作"。在 2010 年"五都"选举中，擅长"文宣"的金溥聪成为国民党选举文宣"操盘手"时，就给民进党极大打击。在 2012 年"总统"选举中，蓝营同样由其担任竞选"操盘手"，给绿营造成更为沉重的打击。

的确，在 2012 选举中，长期偏重组织战的国民党在选战策略上做出重大调整，"文宣"营销表现抢眼，与长期擅长"空战"的民进党形成抗衡。马英九竞选连任办公室一方面成立"百人地方助讲团"，显示长期以组织战见长的国民党已有转变；另一方面不断网罗媒体能人与大学辩论社成员加入阵营，全面提升观察地方民意风向的能力，开启"小兵立大功"的契机。而且，以前国民党发言人群总以稳重见长，此次他们却以生活小用品如扇子、桌历作为文宣品，舍弃过去厚厚一本秘籍说帖，使之贴近民众生活，更容易深入民间。可以说，国民党"文宣"转型是迎合新媒体时代、为战胜民进党而做出的调整，最终取得了预期的效果，配合马英九赢下了连任机会，为国民党终于赢下了又一轮的执政权。

可见，"文宣"对台湾选举的影响不可小视，台湾文宣制度对台湾社会的影响、对台湾"民主政治"的影响不可小视。

（一）威权时代的"白色恐怖文宣"

1949 年国民党败退台湾后，蒋介石痛定思痛，对在大陆的失败进行全面反思，认为国民党的失败不仅是政治上、军事上和经济上的失败，同时也是思想上、文化上和教育上的失败。这样的思考显然是有意义、有价值的，然而，他得出的结论和做法，却直接导致了"白色恐怖文宣"的产生。他认为他的军队因为失去了主义和信仰，因而失去了与"共军"对抗的战斗意志，于是，他要极力修补"反共"的思想体系，加强意识形态控制与宣传，严密控制台湾的思想文化和人民的精神生活。

1. "戒严令"及相关的"白色恐怖"文宣

国民党逃台初期，经济恶化，民生凋敝，军心不稳，为巩固自身统治，确保孤岛偏安，遂强化对台湾人民的专制统治，在台湾大搞"白色恐怖"。1949 年 5 月 19 日，国民党逃台前夕，陈诚秉承蒋介石旨意，借口防止共产党向台湾渗透，颁布"戒严令"，宣布台湾处于"战时动员状态"。由此，开始了台湾长达 38 年的"戒严"。

"戒严"无疑不仅仅是一个军事手段，不仅仅控制着人们的"行为"，而且更是一个意识形态控制与宣传手段，控制着人们的思想。配合"戒严令"，国民党当局实施特务统治，由蒋经国亲自主持，对付逃台之初的乱局和民众的不满，动辄以言语惹祸之事，已经早已让台湾人见惯不怪，"白色恐怖"席卷全岛。继陈诚之后担任台湾省主席的吴国桢，因推行民主政治理念与"两蒋"交恶，他在被免职后曾经感慨地说：在台湾"人民不知法律为何物，敢怒不敢言"。

从现今解密的许多文献中我们可以看出，20 世纪 50—60 年代的台湾民众，是在一个残酷、苍凉、忧伤、荒漠生存环境中度过的。人性被扭曲，人格被分裂，互不信任的人际关系和阳奉阴违的社会风气，在国民党"白色恐怖"统治之下，很快蔓延到整个社会各个角落，社会矛盾随即不断加深，台湾民众害怕国民党当局，对国民党当局的不满和仇恨不断加深。美国前总统杰斐逊曾经说过这样的话:"人民害怕政府,国家就是独裁;政府害怕人民,国家就是自由。"

后来的许多专家学者称之为的 20 世纪 40 年代末至 80 年代初台湾的配合"戒严"的所有"文宣"为"白色恐怖文宣"。

2. 控制文宣机器以掌控舆论

国民党当局意识到必须控制文宣机器的重要性,于是在"戒严"的同时,实行"报禁"等措施,对所有宣传工具严加管制,如通过"出版法"限制新闻和出版的自由。自 1951 年起,当局规定不再进行新报纸的登记,直到 1987 年解除"戒严"的多年间,全台只有 29 家报纸。在"报禁"之下,台湾岛内只有一种声音,不允许有另外的声音传播。

为了更有效地加强对思想文化领域的控制,蒋介石还把台湾民众的思想文化纳入"反共"轨道,以"反攻大陆"为口号,不断发起一些以此相关的"文化运动",以求统一民众的思想。比如,20 世纪 50 年代,蒋介石就发起了"文化改造"运动,发表一系列"反共抗俄"的文章,打着"三民主义"和中国传统文化的旗号,攻击马克思主义。再比如,在文学领域,国民党提倡"反共文学"、"战斗文艺"。蒋经国多次讲文艺界的"共同使命"就是"创造反共的文艺"。

蒋介石与蒋经国在经过较长时间酝酿后,成立青年反共组织,认为应把青年组织起来,做"反共复国"的先锋。1952 年 10 月 31 日,台湾"中国青年反共救国团"正式成立,蒋经国出任"反共救国团"主任一职。蒋经国掌控了"青年"这一地盘,乘机网罗人才,培养班底,为自己接班做铺垫。在"青年反共救国团"成立仪式上,蒋介石号召台湾青年提高战斗情绪,服从团体命令,严守革命纪律,学习战斗技能,厉行劳动生活,加强服务热忱,使青年在"反共抗俄"运动的号召下,推行经济的、社会的、文化的、政治的全面改造。蒋经国在成立仪式上说:"青年失去了希望,国家就失去了青年,也失去了中心力量,责任是如此重大,我们仍要去完成它,因为我们无可推卸。"可以看出,该团的基本宗旨是使台湾青年接受"反共复国"的思想教育，成为国民党的预备队。

而这也引起了台湾人民的不满，1954年12月台湾出版的《自由中国》指责："青年反共救国团"逼使学生背诵那些"连篇累牍、念之不尽、读之不竭"的"三民主义、总理遗教、总统训辞"和其他"必读小册子"，严重干扰正常的教育体制和学生读书，致使青年在受教育的阶段就"对于民主制度有了全然歪曲的认识"，是"假教育之名行党化之实"。

3. "反共"、"仇共"的"文宣"

台湾当局还以保卫台湾的安全为名，防范所谓的"共谍渗透"，全面封锁台湾海峡，禁止两岸任何形式的往来。同时，蒋介石健全了政治"反攻"的组织机构，如由宋美龄亲自主持的"中华反共抗俄妇女联合会"，简称"妇联会"；由蒋经国任主任的"中国青年反共救国团"等。宣传舆论方面有"幼狮通讯社"、"幼源广播电台"等。台军成立了庞大的政战机构，称为"政战大队"，下设政战处、心战研究室和心战总队，还有专门的心战电台和传单印刷厂。

一直以来，"两蒋"都把"反共"做为台湾"文宣"的中心工作，在岛内全面进行"反共"、"恐共""仇共"、"灭共"宣传。诸如"共产党多么坏、共产党不会变好、共产党要血洗台湾，所以要消灭共产党，并且共产党不可怕、可以打赢它"等等口号与标语占据着媒体的各版块，甚至是社区的各角落，竭力丑化大陆。不断地在台湾民众心中造成"大陆是恐怖的'匪区'"的印象，致使两岸敌意加深。时任国民党中央秘书长张厉生在"党务工作报告"中记载，仅1954年，台湾"每日能以9种语言，向大陆广播13小时以上，配合公、民营及友邦电台集中宣传，并先后向大陆空投传单13亿份，日用品与食品23万袋，书信6万余封"及"向大陆输送传单1000余万份"。基于工作之需要，"将心战综合小组改为'中央心理作战指导汇报'，统一指导敌前、敌后、海外与台湾之心战工作。""至于政战方面则分两部分进行，第一为疏导、联络、消除各方不利反共团结之活动，争取、扶植各方反共人士之组织";"第二系以亚盟中国总会为中心，拓展国际民间反共联合战线，广泛联络亚洲反共非共国家与反共团体，及铁幕国家之流亡反共团体，以扩大其影响"。

1958年后，台湾当局加大了对大陆的"心战"力度。在空飘和海漂方面，台湾释放的气球，携带最多的是国民党的旗帜和传单。传单内容多是宣传"反共"，有的是宣扬国民党在台湾的建设成就和对大陆时局的评论。到后来，台湾当局把蒋介石的照片和日用品如毛巾、肥皂、背心等搭载上气球，甚至还有伪造的人民币。据统计，1974年共向大陆投放蒋介石的照片1.8亿张之多。随着时间的流逝，1984年台湾当局宣布，全面停止对大陆的炮击，随后也停止了对大陆的空飘、海漂作业。

蒋经国等国民党领导人，还利用会议演讲、庆典致词等，发表了大量"反共拒和"的言论，攻击大陆的和谈主张是"阴谋"、"陷阱"、"和平幻曲"、"和平膏药"、"骗局"，叫嚷坚决拒绝大陆和谈，统一主张是台当局的"基本立场"、"永不改变的国策"。蒋经国还发表所谓"把炽热的反共心力投向大陆"的演讲。中美建交时，台湾发表声明称，"中国共产党为达到目的一向不择种种方法发动国际统战，企图进一步孤立台湾"，希望美国注意大陆"妄图并吞我复兴基地、分化自由世界之阴谋"。1981年5月29日，宋庆龄在北京逝世，宋庆龄治丧委员会向台湾的亲属包括蒋经国发出邀请，但被台湾当局诬蔑为"统战阴谋"，并加以渲染。这种"政治寡情"，让人为身为"国母"的宋庆龄鸣不平，也让人真正感觉到"国母"宋庆龄身后的悲凉。

（二）民进党的激情、悲情文宣模式

随着"两蒋时代"的结束，政党政治制度开启，"政党轮替"成为现实，"文宣"也发生了很大变化。在民进党方面，他们为了扳倒国民党，不惜大打出手，将"两蒋时代"所特有的"白色恐怖文宣"改写成"绿色恐怖文宣"、"台独文宣"，实质上成为"台独宣传战"、"反国民

党宣传战"。

民进党的代表颜色是绿色，每次竞选时，民进党的文宣也以绿色为主打色标，不间断地向民众尤其是南部民众全面灌输绿色"台独"思想，以及"台独"思想衍生的其他政治理念。这就是"绿色恐怖文宣"的由来。民进党执政之后，台湾媒体将之戏称为"绿色执政"，严厉批评其"台独"宣传为扼杀人性的"绿色恐怖"。美籍华人潘毓刚指出：民进党的"绿色恐怖"比40年前的"白色恐怖"还可怕，整个社会没有是非、没有正义，唯有所谓的"爱台"、"卖台"之口号漫天飞飘。

民进党颇有一些"激情人士"。他们在表白自己爱台时激情昂扬，呼天叫地，声泪俱下。同时在岛内"妖魔化"中国大陆时也是言词激烈，文走偏锋。他们一方面把岛内泛蓝势力打成"中共的同路人"，即所谓"中国代言人"，全面抹黑、抹黄、抹红敌对力量，划分"我群"团体和"敌群"团体。民进党给泛蓝势力扣上"黑金政治"、"老年政治"、"专制回潮"、"政治分赃"、"联共卖台"五顶帽子，进行百般打压。在2001年"立委"选战中，民进党千方百计搞臭政敌，挑拨族群、抛红帽子、扒粪、讥讽等，用尽各种手段。民进党甚至提出对国亲联盟进行"割喉战"和使"连宋终结"等杀气腾腾的恶语。

打出这种带有表演性质的"激情牌"还不过瘾，民进党还有另一手，那就是大打"悲情牌"，这更多地表现在他们拉选票上。他们从"非绿即蓝"的理念出发故意制造"爱台"和"卖台"的对立，挑起族群矛盾。这正如有些学者评述的那样：民进党的杀手锏是"统独"、蓝绿和族群议题。民进党获取政治资本的基本方式是制造紧张，渲染大陆威胁论。台湾南部许多人由于受到民进党歪曲事实的造谣宣传而不明真相，于是只要民进党"政治选手"悲悲戚戚声泪俱下地跑到南部"悲情"演说一下，就能骗取相当的选票。尤其在"大选"来临之际，民进党借文宣之手段、媒体之平台大搞"悲情"动作，一下就能骗得许多选民的同情。陈水扁和吕秀莲之"3·19枪击案"就是最明显的例证。

如果说民进党激情文宣、悲情文宣只是形式和表征,那么通过"绿色恐怖文宣"进行"台独",则是其最终目的。

1. 外宣"台独"

民进党执政期间,为在国际间造成"台湾国"的印象,凸显台湾"主权独立"地位,授意"外交部"于 2000 年 11 月 20 日通令"各驻外"单位,要求各单位以后使用的名牌、座位牌、菜单、信纸及请帖等所印制的"官方"标志,避免使用"中华民国国徽"而改以"国旗"或梅花标志替代,大搞"台湾正名"。2001 年 12 月 31 日,台湾"行政院"新闻局举行新局徽启用典礼,新版的局徽将既有的中国版图及"中华民国国旗"去除。2002 年 1 月 13 日,陈水扁宣称,他已于 11 日批准"外交部"签呈,将在"中华民国护照"上加注英文"TAIWAN"字样。2 月底 3 月初,台当局又企图以"统一名称为由",密谋将"驻外"机构的名称由"台北"改为"台湾"。3 月 7 日,陈水扁在以"台湾正名、全面制宪"为主题的"世界台湾人大会"上公开宣称要"拼经济、外交、安全、正名及宪政改革"等等,引发了海内外华人的强烈谴责。

2. 文教"台独"

为了从文化的"根"上斩断台湾青少年的中华民族意识,培植"台独"势力,民进党当局在思想文化教育领域通过"去国语化"、修改教科书等方式大搞"文化台独"。如,为"建立台湾独立运用的拼音系统",刻意凸显与大陆相对立的"台湾主体性"。2000 年 10 月 6 日、2002 年 7 月 10 日,在陈水扁当局的授意下,台湾"教育部国语推行委员会"两次通过采用由台湾本土研发的"通用拼音"作为中文译音系统,强力摒弃国际通行的汉语拼音系统。为弱化和冲淡"国语"普通话在台湾的地位,改变青少年的母语认同,台湾当局于 2003 年 3 月底公布了"本土化教育"政策,规定从该年 9 月新学年开始,在小学 1—6 年级专设"乡土语言"课,中学随后跟进;要求中、小学生必须在客家话、闽南话、原住民话中选修一种;将正在中学推行的《认识台湾》教科书列入小学教材;

鼓励公立大学增设"台湾文学系"，将原有的中文系归并至外国文学系，等等。此外，当局还在文化、艺术、历史等各领域刻意切割"台湾文化"和"中国文化"，旨在培养以台湾为主体的文化认同，为"独立建国"打造社会文化基础。

3. 军营"台独"

原先，反对"台独"、维护"中华民国"生存发展是台军长期以来的一项重要政战教育。民进党执政时期，陈水扁打着军事事务革新之名，将台军文宣刊物一律"去中国化"，凡是带有"中国"字样的刊物例如"中国空军"、"中国海军"等全数改名。在军事训导方面，陈水扁不仅下令取消军中反"台独"教育，并于2001年两次指示"国防部"强令三军全部清除基地营区内所有有关宣传"统一中国"、"复兴中华文化"、"反对台独"等标语和口号。不仅如此，台"国防部"还策划编印了"陈总统对国军讲话"文集，将陈水扁上台后视察"三军"的30篇讲话结集出版，并正式下发部队作为官兵读本，要求官兵领会其"台独"理念，加强"去统保独"教育，在军中建构"大陆为敌、以武拒统、保护台独"的观念。

尽管民进党使用了很多文宣计谋和花招，企图达到"台独"目的，但因其政治主张、政治意识明显违背全体中华民族的意志和核心政治利益，自然招致两岸人民和世界华人华侨的强烈反对。又由于民进党在宣传造势过程中的野蛮粗暴作风，很快将台湾地区所谓的"民主政治"引向邪路，产生了无可挽回的负面影响。

（三）国民党的温情、民情文宣模式

2008年国民党重新执政后，开始逐步对民进党当局8年"台独"宣传进行拨乱反正，停止"去中国化"、"去蒋化"，弘扬中华传统文化，恢复台军"反台独"、"护民国"政战教育等，对民进党执政时期的政党文宣即"绿色恐怖"余毒进行清理，其文宣呈现出"温情"的重要特征。在2012年

"二合一"的选举中,马英九推出了"台湾平安福"就是国民党大打"温情牌"的一个范例。"平安福"外包装由马英九题字"台湾平安",内含福卡一张,两面分别写上"平安"与"福气"。首次发放,5000 份"台湾平安福"瞬间被抢光。正如马、吴竞选总部副执行总干事罗智强所言,"'台湾平安福'除了传达对台湾平安的祈愿外,更重要的是提醒执政团队,人民对台湾平安的深刻期望,提醒执政团队要加倍努力实现人民对台湾平安的期许"。换言之,只有对民众发出善意,关注民生、不折腾的执政,才能让台湾走向平安、为台湾带来福气。部分国民党"立委"也用温情最大限度地吸引民众眼球。比如,寻求连任的台湾南投县国民党籍"立委"马文君幕僚团队发挥创意,改变传统"战车"死板印象,将厢型货车改造成色彩粉嫩的卡通造型,其俏皮创意既能为紧绷的选战带来诙谐氛围,又符合妇幼形象诉求,其在大街小巷穿梭,立刻就抓住了年轻选民的眼球。其中一款车改成"哆啦 A 梦"造型,蓝白双色烤漆,钢圈贴上"哆啦 A 梦"贴纸,连椅套都是"哆啦 A 梦"图案。另有粉红色的 Hello Kitty 与顽皮豹,鹅黄色的海绵宝宝,颜色鲜艳,对"首投族"产生了吸引力。

文宣主题由"统独"、族群转为民生问题,体现出国民党"民情文宣"的重要特点。纵观 2010—2012 年台湾"五都"市长选举、"立委"选举和"总统"选举,不难发现"民生问题"(而非意识形态色彩强烈的"统独"问题)已完全掌控着台湾政党选举文宣的主题与进程,其个中原因是两岸关系和平发展效应或是参选人人格性情所致。他们以贫富差距、财富分配不均等攸关民生福利的公共政策议题,作为演讲的重要内容。国民党抓住台湾"执政党"4 年来的政绩和资源优势,有意识地挖掘"两岸和平发展题材",以台湾民众因 ECFA 签订不间断受惠为事实依据,极力表述政见政绩。尤其在选举后期,马英九团队注重在社会福利和农民生产生活问题上大做文章,力图遏制民进党攻势,争取中间选民和弱势团体的选票;并利用民进党在"二元柿子"事件、"豪宅风波"等问题做足文章,大打经济复苏、关怀民生之牌,取得相当的文宣效果。

（四）"非典型性文宣"的拓展

在马英九执政以后的几次重大选举中，无论是国民党还是民进党的政党文宣样式都出现了一些时代特征。即使是一些过去流行的"文宣"样式，也致力于增加创意，花样不断翻新，使之"旧瓶装新酒"，增加吸引力。比如：报刊电视文宣。台湾政党有长期和媒体打交道的经验，特别会利用媒体进行宣传。他们揭露对方丑闻、深挖对方缺陷，制造新闻话题，设置焦点议题，攻击竞争对手，使新闻报导有利于自己竞选理念的传播及形象的建立；物品文宣。义卖品是文宣传统手法之一。印有孙中山画像的靠枕、印有马英九图像的"马"克杯、帆布书包、小英绒毛布偶、小英钱筒，深受选民欢迎；口号文宣。在文宣战场，一个响亮口号能给普通民众以深刻印象。美女主播陈以真把名字加以变化，创造出"真的不一样"、"诚意真，足认真"，简洁有力，印象深刻；民调文宣。台湾政党非常重视民调，尤其是民进党，经常使用真假民调影响选民。

有学者认为，这些花样百出的"选举文宣"可称作"非典型性文宣"。除了上述几种"文宣"外，还有极具冲击力的网络文宣、"奇招"文宣、"正妹"文宣，等等。总之，在 2010 年"五都"选举和 2012 年"二合一"选举中，传递给世人眼球最直观印象，就是许多新潮事物和新样式被引入选举文宣中，使选举成了年轻人展现创意的一个重要平台，吸引了许多年轻选民。

1. 网络文宣

在当今世界，网络已成为年轻人活动最多的场域，台湾政党适时将网络打造为政党文宣的重要战场。许多政治人物，如马英九、蔡英文、谢长廷、苏贞昌等人长期经营网络，上脸书（Facebook）、噗浪（plurk）等等。民进党"四大天王"吕秀莲、游锡堃、苏贞昌、谢长廷都开设噗浪网志，苏贞昌更号召百位噗友相约海边网噗。

与选民互动，请大腕当导演、演员，或自己参与拍制 MV、微电影等，也是台湾政治人物常常做的事情。《爱情签证》是马英九"台湾加油赞"推出的一部网络竞选宣传片，片长虽仅有7分钟，但一经公布瞬间爆红网络，其清新文艺范儿甚至征服了不少大陆网友。《爱情签证》之所以大受好评，掌镜的陈宏一功不可没。《花吃了那女孩》、五月天的《温柔》、刘若英的《后来》等一些为年轻人喜爱的前卫电影及MV都出自他手。宣传片男女主角也大有来头，男主角是三度入围金钟奖最佳男配角的莫子仪，女主角则是因出演"教育部"广告"毕业生创业服务方案"走红并获得韩国首尔戏剧奖网络人气奖的简嫚书。"小马哥"（马英九）为了赢得年轻人选票不遗余力。"台湾加油赞"青年干部所拍摄MV时也请来金曲奖最佳MV导演陈映之，还请飞儿乐团的陈建宁当音乐总监，与因《痞子英雄》主题曲而一鸣惊人的组合合作拍摄，效果很好。蔡英文见此很不甘心落后。她请来本土重量级导演、与自己私交甚好的吴念真，以庶民清新拍摄手法操刀竞选广告，打造了不一样的蔡英文。"菜英文"同学甚至耗巨资远赴欧洲取景拍摄，以"时尚范儿"凸显"精英形象"。深谙年轻族群胃口的导演们，就这样精彩地将政治人物进行娱乐包装推销，民众的眼球是吸引了，文宣的功绩也凸显了，然而政治的娱乐化低俗化倾向也跟着自然生成。这样的政党政治，你能指望它给社会进步带来怎样的推动？

2. "奇招"文宣

在2012年"二合一"选举中，民进党的"三只小猪运动"是"奇招"文宣的经典之作，一度挽回了蔡英文"选情颓势"，帮助蔡英文在民调上超越马英九。

"三只小猪运动"，就是竞选初期一个小朋友把自己的小猪扑满（存钱罐）捐给民进党，"监察院"对此表示质疑，认为政党不能接受未成年人的政治献金，民进党迅速反弹称此举为国民党当局的政治打压，并引用童话故事"三只小猪"在岛内发起"全民小猪扑满运动"，大量采购塑料小猪扑满，供支持者无偿领取，在装满钱币后回捐给民进党，支持赞助蔡英文参选"总统"。民进党宣称要靠民众投入"小猪扑满"的5元、10元（新台币），"让民进党走得更稳、更清廉"。

3. "正妹"文宣

自从台湾实行县市长、民代直选后，政党为赢得选举绞尽脑汁尝试新的文宣方式，目的就是吸引关注、抢到选票。对于男性选民，"正妹"无疑是杀手锏。过去"正妹"文宣当然也比较常见，但马英九执政后这一手法更加流行、突出，举凡文宣活动无处不见"正妹"标签。马英九助选青年军里"正妹"不少，常常出现在大小造势活动里帮助马英九吸引人气。马英九竞选办公室曾派"正妹"在各地街头发送马英九的安心手札，这"正点美眉"与民众玩游戏，只要大声喊"冻蒜"，"正妹"就会帮民众贴上安心贴纸，这一手吸引了不少男性参加。国民党 2009 年县市长选举中还曾发生这样的趣事：穿着超短迷你裙的"正妹"舞者，在只隔马英九不到半米的距离，大动作蹦蹦跳跳一点也不怕走光。有网络评论说，"正妹"舞者这么玩法，马英九自己看起来都觉得不好意思，眼睛左顾右盼，不敢正视。在《小英女孩造势利器，正妹之战开打》的文章中，有这样的描述：2012 年"总统"选举，民进党蔡英文为抢攻年轻人票、开拓宅男选票，搭上电影《那一年我们一起追过的女孩》的沈佳宜风潮，推出 8 位女大学生组成"小英女孩"，拍网络选战广告引起旋风。《中国评论新闻网》也曾撰文说：2009 年民进党林聪贤参选宜兰县长时还请来被国外杂志评为最性感女艺人的闪灵乐团贝斯手 Doris 站台，吸睛指数爆表。2012 年无党籍"立委"参选人雷倩在其竞选总部成立大会上，请来夫婿张建农担任董事长的新丝路台湾分公司的顶级模特儿吸票，包括刚在新丝路模特儿大赛获得冠军的汤佩华和"十佳"的王能可等人都到场表达支持，瞬间吸引全场目光。

（五）"非典型性文宣"对台湾民主的负面影响

客观地说，"非典型性文宣"有正面的因素，它一改国民党和民进党过去无休止的"族群撕裂"、"统独争论"主题，更多地关注社会问题、两岸关系、经济民生。在 2012 年"二合一"选举的文宣大战中，尽管在"双英"之间也有互相攻击、在"立委"之间也有抹黑造谣、人格诽谤，但与以往历次选举相比,整个选举过程显得相对平和,既没有令人惊恐的流血突发事件,也没有你死我活的政治斗争,双方交战的议题主要聚焦于经济民生、两岸关系、社会公平公正等。然而,"非典型性文宣"并不能解决诸多台湾现实问题,消除各类现实矛盾。

1. "国家认同"议题并未消失,"族群对立"无法从根本上消除

国民党和民进党虽然口头上高唱"经济民生"之歌,不过是迎合选民捞拉选票需要,他们知道多少年来民众早已厌倦了"族群对立"话题,再来鼓吹蓝绿分野显然不识时务令人生厌。但是在实际操作中,国民党和民进党依然将依靠的基本力量或选民重点放在各自北南不同的大本营,唱响"经济民生"实际上成为权宜之计,成为拉拢中间选民的谋略性"智慧选择"。现存的"族群对立"问题,丝毫未松动更无法解决。"统独问题"也是这样,蓝绿阵营虽然口头上讲的少了,但这不等于问题已经解决,以为"选战"的时候不提或者少提就等于自然消失,那就无异于掩耳盗铃、痴人说梦。可以说,在台湾"国家认同"议题并未消失,而是以次级议题或内涵议题隐藏在民生问题之下。在竞选期间,国民党马英九虽然为了选举之需,会说"台湾是中华民国的通称",并以荷兰是"尼德兰"的通称、英国是"大不列颠及北爱尔兰联合王国"的通称等例作为国际借鉴,但始终坚持以法理层面的"中华民国"为保障,多次重申"台湾是我们的家园,中华民国是我们的国家"。对此,民进党蔡英文则公开宣称"中华民国是台湾"、"台湾是主权独立的国家,依宪法国号是中华民国",这显然是典型的"国家分解论"(dismemberment theory)。

蔡英文坚持否认"九二共识",虽抛出较为柔和的所谓"台湾共识",但并未摒弃"一中一台、一边一国"之两岸定位,并以"国家主权流失"为尚方宝剑指责马英九两岸政策,让自己继续扮演"台湾国家主权"监督者、捍卫者角色,为民进党树立"最正宗"的本土旗帜。再有,"国家认同"、省籍族群议题有时会以民生政策议题为外衣。2008 年台湾"大选"时,萧万长曾提出"两岸共同市场",这是个区域经济概念,是有利于台

湾经济民生的经济议题。但谢长廷不断对此加以驳斥，最后竟被其简化为"一中市场"，又将"一中市场"等同为"国共合作"、"一个中国"，并提出当次"大选"就是对"一中"来做一次公民投票。就这样，一个挑拨族群矛盾及"变相统独公投"的话题就明显地被藏于一个经济民生政策议题之中。在2012年选举中，蔡英文炒作"18趴"改革、"军公教加薪"、"陆一特"赔偿等民生议题，指责马当局"18趴"改革为"政策买票"，"军公教加薪"方案是"加薪救民调"的行为，污蔑国民党的"荣民安置政策"，事实上是企图挑拨省籍矛盾、阶层矛盾。民进党"三只小猪运动"自比小猪对抗国民党"大怪兽"，实际上也有打悲情牌、蓝绿牌、省籍牌的浓浊意味。

2. 现代选举文宣手段导致民主政治竞选商业化、低俗化

从现代选举手段上讲，"非典型文宣"带有明显的人为操作痕迹，直接导致民主政治竞选的商业化、低俗化。按照民主政治的精神实质，政治竞选活动是供参选人以民主的方式阐明自己的政见主张，寻求选民的支持，从而力争当选，这应该是相当神圣的。按常理参选人应该比较严肃地对待选举，但是实际操作过程中往往会出现为了拉票不择手段的情况，欺骗性商业化文宣就是一种。众所周知，在商业文宣中，很多商家为了吸引民众购买其商品，往往会或多或少捏造一些事实，说明其商品无与伦比，在政治广告中也是如此。为陈水扁做选举文宣包装的台湾广告业才子范可钦，曾在《台湾为什么有创意》一文中说："政治广告就像跟选民谈恋爱，所有的方法都要尝试，苦肉计、天天送花、甜言蜜语、装可爱，反正就是要拿出爱你的证据。""甜言蜜语"的选举承诺不管能否做到，只要选民喜欢就只管告诉选民，不管真假只要有利于参选人形象就要塑造给选民看。范可钦为陈水扁所做的"铁汉柔情"系列广告，成功地将过去台湾民主运动的功绩揽在陈水扁身上，并用温馨的手法表现出陈氏对妻子吴淑珍的忠贞与疼惜，以及对社会的关怀，一反过去陈在"立法院"上大家熟悉的强悍风格，吸引了许多对国民党不满的浅蓝选民及中间选民的票，让陈水扁

顺利多票当选。而之后陈水扁的腐败行为，让范可钦招致指责。对此，范可钦辩称，"阿扁骗我他会做一个好领导，但他做不好，这不能说我的广告欺骗选民，许下诺言本来就是政治最常见的一件事，当时确实是很真心的，但是做不到乃人之常情，这跟恋爱中的山盟海誓没什么不同。"可见，政党文宣一旦涂抹上浓浊的商业化色彩，它的低俗、劣俗和戏谑色彩就无法消除。

纵览台湾政治文宣制度的演变，"两蒋时期"以纯粹的愚民说教、灌输宣传为特点的"白色专制文宣"逐渐激起民众的质疑反感；后来李登辉、陈水扁时代的"绿色文宣"以"矫正"、煽动手法放大了省籍、族群矛盾，部分民众产生了"非绿即蓝"、"非绿即敌"的病态心理。文宣由"白"转"绿"的历史就是一出矫枉过正的历史。在国民党重新执政后，台湾的文宣出现新的运作模式，"非典型性文宣"对台湾民主政治走势将产生怎样的深刻影响？还有待于更长时间的审视和考察。但可以肯定的一点是，"非典型性文宣"有着与生俱来的弊端，它使原本应以严肃的政见承诺吸引选民的竞选活动蒙上浓厚的浮华气息，商业化、娱乐化、低俗化、空洞化的倾向本质上解构了政党政治的崇高、庄严意义。媒体传播从公认的"公器"异化成为一把任何政党都可使用的文宣利器，沦为政党、政治人物引诱选民选票的骗术，导致民众成为新时代愚民宣传的牺牲品。

第五章　台湾"民主政治"的营销理念与民主异质化

一、"肉桶政治"真是难看

2008 年底，有台湾媒体以《"肉桶政治"真是难看》为题，报道当时的"立法院"审查总预算创下史上最低删除纪录，一兆八千多亿元新台币预算竟只删了近 31 亿元，比例比威权时代还要低落。原因是什么呢？是"肉桶政治"、"肉桶立法"使然。

按理说，任何政府预算案都不可能完美无缺，行政、立法权分立的宪政意义，就在于"立法院"善尽监督责任，为人民看紧荷包、避免不必要的浪费。然而，这些已经当选而手中有权的"立委"，均利用这手中的"财权"，向台当局争取各种特定补助或福利措施，以嘉惠自己的选区或支持者，借以感谢这些选区的选民原先的支持，或者还把目光放得更远，借以交换选民的下一次的"选票"支持而能够顺利连任。这样一来，必然是有许多人为"预算案"全力护航，这一块开支不能减，那一块开支也不能减，甚至哪一块开支还应该给予增加……整个预算又哪里"删"得下去呢？这种行政、立法分赃式"肉桶政治"的确"真是难看"！于是，人们感叹：这种"完全执政"的"立法院"监督质量比威权时代还要糟糕，人民的血汗钱就这样被"立法院"拱手让给行政部门挥霍了。

不仅如此，此次预算审查过程，竟还传出"黑衣人护航"的负面传闻。行政机关为了保全预算，甚至动员地方黑白势力向提案删除或冻结预算的"立委"表达"关切"，使得预算删除新低纪录背后更隐藏令人忧心的民主倒退信息，"肉桶政治"也在台湾赤裸裸呈现。这样的"立法院"，除了会让人摇头叹息外，更令人痛心疾首。

有识人士指出，"肉桶政治"、"肉桶立法"是政治营销的必然产物。所谓政治营销，是指政党与候选人分析政治环境的变化，决定竞选活动的策略，运用有效的营销手段，以获得选民的认同和支持，达成当选目标并取得政治权利的一种过程。政治营销的对象是"政治市场"中的"消费者"、"顾客"，即选民。而政治营销的目的是增加市场占有率，即获得更高的得票率。政治营销作为一门新兴而且蕴涵无限潜力的实用技巧与学理，本身无可厚非，如能有计划地进行政治营销，的确可以大幅提升选举的实质与意义。

在理想的民主制度中，选举应是政党或政治人物之间提出各种公共政策的主张与辩论（"政见牛肉"），由选民在理性的思考下，检视政党或政治人物过去的"政治表现"（Political Performance）之后投票选出他们所要的领导人。但是，在台湾现实的民主进程之中却不是如此。台湾政党与政治人物之间或是竞相提出真真假假的政治承诺，相当严重地存在着"肉桶政治"贿选，民意代表为巩固选票而有"肉桶立法"的行为，同样民选的行政首长也有"政策买票"的"肉桶政治"行为，例如老人津贴、老人假牙补助、幼儿券发放等等，过度选票考虑往往使得有限的社会福利资源没能发挥最大的效益。

同时，政治营销的花样翻新，奇招怪招迭出，或煽动民粹、或媒体进行政治娱乐，甚至是恶性对抗、战斗语言、负面选举术（"恨的政治"、"人格暗杀"）等等……总之，选战各方不择手段地吸引选票，根本不在乎民生被漠视，不在乎民众政治素养在低水平徘徊，不在乎民主政治陷入游戏化、异化的危险。台湾民主作为输入型的民主政治，当前还比较稚嫩，诸多问题的存在使其陷入偏离正轨的尴尬境地，"真是难看"的地方还很多！

二、民粹政治的营销与异化

2011 年民进党杨秋兴"弃绿投马"之举，对台湾政坛的震撼不小。杨作为 30 多年的资深民进党员（曾是民进党籍高雄县长）审时度势，抛弃"台独"理念，支持主张搞好"两岸关系"的马英九。这其中有民进党党内厮杀太过激烈的原因，但主要是两岸关系和平发展及"台独"逐渐失去民心效应所致。

然而，若依此推断，认为台湾绿营将不断出现像杨秋兴这样的人，放弃"台独"，放弃"民粹主义"、"民粹政治"，甚至断言整个绿营将放弃"民粹政治"的营销，放弃"台独"主张，未免过于单纯，过于武断。要知道，台湾绿营在十多年的政治营销中，最得意的一笔就是从营销"民粹主义"、"民粹政治"开始，继而玩弄"台独"议题，为民进党的生存聚集起"本省人"的"根本人气"。

只要"民粹"土壤尚存，"台独"就有滋生空间。"杨秋兴现象"顶多只能算是台湾民主政治回归理性之端倪，万不可臆想绿营会掀起倒戈浪潮，万不可臆想绿营会有"去独"的可能，因为台湾（尤其是南部台湾）民粹市场依旧坚挺。民进党认为，只要他们的"本土人气"不散，他们就有卷土重来，重新执政的可能。民进党是不会放弃继续导演、营销和操纵民粹主义为其拉票，以期赢得"大选"的。

民粹是一种人民不满现状的意识形态。民粹主义（英语：populism，又译平民主义）意指平民论者所拥护的政治与经济信条，是社会科学语汇中最没有精确定义的名词之一。一般来说，民粹主义认为平民的利益被社会中的精英所压制或阻碍，而国家这个工具需要从这些自私自利的精英团体复原健康，用来改善全民的福祉和进步。但是，并不是所有进行民粹主义式活动的政治人物都是真正的民粹主义者，精英主义者也会误导平民主义。有些政治人物也会利用民粹主义式的政治语言当作组织的策略，而实际上，并无意也无心做平民的代表。甚至在20世纪末的某些国家，民粹常被精英主义者视为是挑动族群冲突、以获取政治利益的代名词。

在"一切为了选举"的政党理念主导下，民粹、媒体在台湾政客手中已完全蜕变为博取选票的营销工具与营销手段。多数情况下，台湾政客营销"民粹主义"却异化了"民粹主义"，漠视民生，视政治利益为核心考虑准则，不惜借用民粹意识，以煽动省籍对立、族群对立、挑衅大陆为话语资本，塑造自己英雄式魅力，在力求自身政治利益最大化的同时，借以凝聚台湾内部认同的提升。

（一）李登辉怎样玩弄民粹主义？

事实上，"民粹主义"本身并非贬义词，其原本的内涵应当是政治精英为追求社会平等、民主自由或国家独立等理想，激发民众认同与同情以博取支持的一种方式。只是，民粹主义极端强调平民大众的价值和利益、理想，将市民化和大众化作为所有政治运动和政治制度的合法性来源；并且极端强调平民大众对社会进行改造的作用，把普通民众看成是改造社会的绝对力量。不管这种改造是否符合社会潮流或历史进步，这种"极端"思潮容易被政治人物所青睐、所利用。中外历史中，多少政治人物就往往从民粹主义的理念出发，对平民大众进行有效控制和操纵，利用平民大众的力量，以完成其诉求，甚至是达到他们不可告人的目的。

在台湾的"政党营销"、"选举营销"中，"民粹主义"应运而生，但此时的"民粹主义"已经不能解读为"平民主义"，它已经不顾台湾民生的核心利益，而是作为"调动选民"、"利用选民"的一种"激情增票机"，"一切只为选票"。不少台湾政客在省籍议题、族群议题以及"统独"议题上做文章，被解读为台湾典型的"民粹政治"、"民粹式手法"。台湾民粹主义往往沦为政客们为达到一定政治目的操纵民意、愚弄民众的政治工具，其中，李登辉就是玩弄这种民粹政治的高手。

李登辉上台之初的权力基础并不稳固，其主要竞争压力源自于国民党内部的外省籍官僚集团。为了牢牢掌握权力，既无党政人脉优势，又无深厚军方渊源的李登辉只能另辟蹊径，诉诸"民粹主义"之法力。作为一名老谋深算的政客，他的目光瞅在了国民党历史积弊上，他深知国民党在台统治中埋下诸多民怨，如果他调转枪口，带头揭露批判国民党旧势力的积弊，从政策上纠正、平反国民党历史上制造的冤案，并向在野势力释放出部分政治资源，一定能赢得多数民意支持，"出奇制胜"地掌控政治局面。于是他首先从"2·28事件"开刀。"2·28事件"是当年退台的国民党当局因"缉私"引发了与底层民众的冲突，警察被围攻，在事件中有多名民众死伤，可算是台湾底层民众长期郁积在胸的最大梦魇。李登辉从民粹主义理念出发，重新评价"2·28事件"，公开宣布"2·28事件"是历史冤案，是台湾人的悲剧。此语一出，犹如石破天惊，一改国民党几十年来对"2·28事件"的定性，国民党外省官僚集团的合法性瞬间遭致严重质疑，甚至他们的家族成员也受到台湾地区政治道德层面的谴责。不出李登辉的意料，他作为当时"国民党的掌门人"，这种"自揭疮疤"的"勇举"、"壮举"深深"感动"了台湾本省人。李登辉的支持率一时大增，"李登辉情结"一夜间被海量复制。而且它不仅令国民党内外省籍官僚的权利光环黯然失色，还严重摧毁了他们对抗李登辉的合法性基础，可谓是一箭三雕。

精明的政客李登辉当然不会只满足于一时的"战果"。它对"民粹主义"的首轮营销效果极为满意，也就沿着他的"民粹计划轨道"一步步往纵深推进，达到他撕裂台湾社会、排斥"外省人"，而走向"台独"的目的。李登辉可谓是横下了一条心，要"将民粹进行到底"。他接连提出"生为台湾人的悲哀"、"新台湾人"、"台湾生命共同体"等一系列民粹主义理念，将台湾民众"痛恨国民党专制政体的情绪"和"要求民主化的意识"煽动为"台湾人对外来统治政权的仇恨与敌视"，把民粹政治耍弄得炉火纯青。其结果是族群矛盾凸显，"蓝绿"对抗日深，"台湾人"与"外省人"冲突不断，甚至达到白热化程度，尔后，"台独"主张粉墨登场。纵观李登辉权力运行轨迹，从主导"修宪"、违背承诺参加首届"总统"直选到"废省"，他"斩获颇多"。而这一切无一不是诉诸民粹而达到的。

（二）陈水扁的民粹主义手法

陈水扁继承李登辉的衣钵，以其政治敏锐嗅觉，抓住民众反对国民党独裁统治的心理，在台湾掀起了一波又一波重新分配政治资源的"民粹主义"营销运动。在2000年"政党轮替"之前，只要有人喊出"我是台湾人"，或者能用流利的闽南话大声批判国民党，就能得到潮水般的掌声。在这种"台湾意识"日渐浓厚的激情社会中，民进党的政治力量迅速发展到足以颠覆国民党政权的统治基础，终于在2000年台湾"大选"中一举夺得执政权，实现了"政党轮替"。

执政后的陈水扁，得利不忘民粹，始终以"防止旧政权（国民党）复辟"、"台湾人出头天"和"抗击中共打压"等民粹策略作为打击在野党、抵制两岸交流的"政府声音"。直到现在，陈水扁即便身陷囹圄，亦不忘利用民粹编造"政治迫害"假相，臆想博取绿营民众的同情。

如果说民粹主义奠定了李登辉个人的政治地位，造成了国民党的分裂和"国家认同感"的流失，那么陈水扁有过之而无不及地继续操弄民粹政治，很快就将台湾社会拖向"省籍纷争"、"族群撕裂"的混乱、动荡的深渊。按说，大搞"民粹主义"已经将台湾社会搞乱，新一代民进党首领应当吸取教训，改弦易辙，重新确定有益于台湾社会进步的党纲和理念才对。然而不，始终怀揣着政党私利和政客选票的民进党，在2008年"大选"败北沦为在野党后，为凝聚绿营势力，保持基本盘选票，依旧以李登辉、陈水扁为精神导师，对"台独"、民粹"不离不弃"，时常在"统独"、群族问题上大做文章，"反中打马"，人为地在已经被撕裂的台湾社会中再度横刀相向，使劲切割，使得原本就难以弥合的族群矛盾呈现被深度撕裂后的固化趋势。由于长时间持续不懈地玩弄"民粹政治"，这就从本质上严重地污染了台湾民主政治的生态环境，侵蚀了台湾民主政治的文化土壤和政治质量，极大地引起台湾理性民众的强烈反对，有良知的文化人和部分台湾媒体甚至发出"禁绝民粹独裁"的强烈呼声。

（三）人为制造"假想敌"

很显然，李登辉、陈水扁、蔡英文等党魁政客所搞的民粹政治，收获的是族群意识、狭隘民族主义、岛民心态、民生凋敝、经济滑坡。其手法是操弄议题（省籍、族群、"统独"），操纵民众（运动），媒体炒作，挑起矛盾，以及恶化政治生态环境。也就是说，台湾民粹主义所具有的对抗性、封闭性、排外性、粗暴性就是其特征，本来与现代民主政治核心理念所必备的开放性、互补性、包容性以及理性精神，根本就格格不入，与现代民主政治所奉行的推进社会发展，改善民众生活的理念则完全背道而驰。但是，党魁政客并不在乎这一切，他们利用台湾社会某些劣根性病灶，并且还有意引发、放大、增容、恶化的这病根，以利于他们通过民粹主义操弄操纵、炒作恶搞而达到的其趁乱取利，获取"民意支持"和"选票"，甚至是"分裂国家"、推动"台独"的目的。

仔细梳理在"民粹主义"政治营销下的台湾民主化进程，不难发现——台湾民主化过程似乎是一个人为制造"他者"为敌的过程。

李登辉以及民进党等民粹政治操弄者先是煞费苦心、精心打造了一整套蛊惑人心的"敌人"：即早期的"他者"假想敌，也就是"国民党威权体制"下的政治人物；后来到了20世纪90年代初期，李登辉又通过切割台湾于中国之外的卑劣手法大兴"台独"之风，引起很多人反对后，一时间台湾的"统独之争"沸沸扬扬；"不义的外省人"则莫名其妙地"被坐上"了"假想敌"的"宝座"；20世纪90年代中期以后，李登辉主政的杰作就是有意识地把"统独之争"转化成台湾"国家认同"问题，由此制造一个新的、更大的"他者"，这就是所谓"可恶的中国人"。于是"敌人"就这样被炼造出来。从此，在台湾政坛的话语体系中，"民进党"与"民主"、"本土政党"、"本土政权"、"爱台湾"等符号等同起来，同时巧妙地把国民党、亲民党、新党与"外来政权"、"外省人"、"威权专制"、"中国"、"中共同路人"、"出卖台湾"等划上等号，然后再通过口耳相传与地下电台、宗教社团、竞选桩脚等各种载体或各种网络，向选民灌输、散播"本土优先"思想。就这样，李登辉用十几年的时间彻底地完成了从"假想敌"到社会分裂、族群对立、蓝绿分割的"历史任务"。

20年来，台湾社会只要是一到选举，诸如"反对外来政权"、"台湾人选台湾人"、"外省人父债子还"、"中国人回中国去，台湾人走出来"、"中国猪，滚回去"之类简单直接、极具煽动性和情绪化的政治动员口号和叫骂，就像墨汁一样四溅散开来。有学者将上述煽动性的动员口号称之为语言暴力。在这种语言暴力横行的氛围下，整个台湾社会被人为地撕裂为两个敌对阵营："爱台"（"台湾人"）与"卖台"（"中国人"）。双方势同水火，不能相容，这不能不说是台湾民主政治的恶弊所在。

就是不在选举的平常时日里，台湾社会的族群对立、蓝绿分野也是表现突出的。政客们非理性攻击政敌、打压与自己不同阵营的派别、不分价值是非只以感情用事，是可以理解的。毕竟这类人占人口总数的比例很小。可怕的是，许多民众也被打上了蓝绿标签，沦落为党派的工具。这在"反腐倒扁运动"中表现得尤为突出。当时的民进党当权派竟然巧妙地利用民粹式手法，将"挺扁/反扁"的斗争操作成"本土/非本土"、"爱台/卖台"、"泛蓝/泛绿"以及"南部/北部"的对立。如此龌龊的民粹手法，显然是对清廉、公正等普世价值以及民意的公然蔑视，自然引起有识之士的批判。怪不得前民进党文宣部主任陈芳明于2008年1月13日在中国评论新闻网撰文愤怒地写道："把陈水扁视为本土政权，其实是对本土最大的羞辱。本土，岂能容许贪腐；本土，岂能纵容反民主；本土，岂能施用清党手段。然而，在本土的面具下，在民主开放社会不该发生的倒行逆施，竟然都发生了，而且都一一实现"。

陈芳明对台湾民粹政治反动本质的批判可谓鞭辟入里。稍懂政治常识者都明白，在理性的民主体制下，公民所拥有的"公民权"是一视同仁之法定权利，不以其血统、地域、宗教、性别、民族等因素而有差别待遇。这是民主社会中不可侵犯之政治平等原则。但在台湾的民粹政治中，某些政党和政客不是致力于化解由于历史原因而形成的省籍、族群矛盾以及"国家认同"分歧，相反，他们在"台湾是台湾人的台湾"的混账逻辑之下，以省籍、族群、地域以及"国家认同"等标准将台湾民众分等，似乎只有本省人、认同"台湾国"、支持民进党以及挺扁的人才享有公民资格。这是对于政治平等原则的公然践踏，与包容和尊重多元差异的民主理念背道而驰。于是有台湾学者将此类做法斥之为"民粹法西斯"、"台独恐怖主义"，并将之上升为对台湾社会人权的践踏和侵犯。

时至今日，民进党依然顽固不化，在蔡英文炮制的"十年政纲"中，操弄省籍、族群以及"统独"议题为特征的民粹式手法依旧若隐若现。泛蓝阵营由于背负历史的"原罪"，在民进党营销策略的多重打击之下，一度处于被动挨打的地位，后来不得不采取一系列的本土化转型动作并建构自身系统的本土论述来应对民进党的意识形态霸权。不过，正所谓物极必反，民进党不顾已经造成的社会撕裂和民生恶化，继续毫无节制地运用民粹式手法来打击异己，终致走火入魔，付出了惨重代价。前民进党政治人物杨秋兴"弃绿投马"之举，多少承载着绿营的部分民意，也在客观上深深地伤害了民进党的自尊和本来就有些负面的形象，也导致了那些肆意操弄民粹主义的政客们集体蒙羞。

（四）民粹主义冲击民众利益

在世界上，学术界围绕民粹主义功能问题，探讨热烈，可谓是见仁见智。从学术研究的角度言说民粹主义，许多学者认为民粹主义有其正面的因素，倘若对民粹主义加以引导疏通，如能将反体制激情导入体制内竞争或协商，就能化平庸为神奇。甚至认为，民粹主义政治领袖在很大程度上重视、关怀和反映民众利益，并使民众感觉可以成为自己命运的主人，至少在形式上以民众的利益和诉求为圭臬。这是以往统治者无法做到的,也是人类历史上比较少有的"为民请命"的政治现象。

所以,作为一种政治理想,民粹主义是浪漫、唯美的,应该加以充分肯定。但是唯美的东西往往会陷入"知易行难"的尴尬境地,民粹主义亦不例外。浪漫的民粹政治理想要变成政治现实面临种种问题:首先,社会各个群体间存在不同的利益,如何产生能够代表他们的组织?其次,当各个团体意见相左时,"普遍意志"如何产生?其三,社会上的弱势可能会在"全民利益"的口号下牺牲,这个问题如何防止?最后,民粹主义政治还面临一个规模问题。民粹政治只适合于在小区实行,而现代国家大部分都规模庞大,民粹政治真正实行起来困难重重。于是,纵观世界上所看到的具有民粹主义特征的民众运动,不少是产生了负面影响的。

为何执掌政权的政治人物尤其是政客,一旦组织或介入民粹政治运动,就容易出现消极的负面问题呢?这可能同政治人物借用平民诉求而行图谋政治利益相关。如果不以民众诉求为由,就没有蛊惑力,民粹政治运动很难搞起来。就像李登辉,如果他不提出"新台湾人"、"台湾人生命共同体",不划出台湾人与外省人的分界,就无法满足许多底层民众的诉求,也就没有煽动力,民粹运动就很难形成声势和规模。李登辉正是摸准了一批台湾底层民众特别是台湾南部底层民众的欲望,有预谋地将他的政治目的和政治利益深藏在"民众诉求"之中,这就达到了他排挤国民党一大批元老政治人物的目的,获取他牢固地坐在"总统"宝座的政治利益。至于台湾人和外省人的对立,社会被撕裂,族群矛盾日益凸显等,他李登辉才不管不顾呢!

有学者提出,现代型民主政治社会,有两条必须维护:第一,不能冲击基本人权底线。所谓基本人权是指对"消极自由"的绝对尊重,即基于对生命、良心和良知的尊重,"把人当人看"、"不能以非人的方式对待人",这是自由社会的理念和底线。第二,应当坚守民主的基本理念,完成"平民社会"向"公民社会"的嬗变,通过民主协商和法律程序、政策补偿等多种理性方式，达成公众的基本诉求。

以上述两个标准为参照，台湾民粹主义显然被异化为政治独断。李登辉主政时期被称为"民粹威权"；陈水扁执政后实行"绿色恐怖"。民粹主义在台湾政客的包装演绎下，一切泛政治化，一切以"民粹"为标准，"宪法"权威涤荡一空，政治宽容难觅踪迹，"忠诚反对派"的传统几无立足之处。民粹主义非理性在台湾政治舞台上表现得淋漓尽致，它对民主转型的破坏性几乎掩盖其建设性。因而，台湾民粹政治常被视为一种极端主义和暴民政治，它与真正的民众利益发生了强烈冲突，冲击了民众利益。

1. 运动冲击建设致使经济萎靡民生凋敝

在选举文化已经形成的台湾，政治人物或者政客高喊着"民粹主义"的口号，似乎一切为了"台湾人的利益"，一切为了"民众的利益"，实际上，他们只高扬着民粹主义大旗，通过媒体造势或者运动的方式，极大地捞取政治利益，而民众最关切的社会建设、经济振兴、富裕兴旺、文明进程却被抛在另一边，无暇顾及。政客们把时间精力耗费在争吵、辩论、集会、游行、文宣，以及所有最终获取选民选票的事物上，正常的建设秩序被打乱，民众的生活困难、收入减缓等民生问题无法得到实质性解决。陈水扁执政 8 年，就是台湾"民粹主义"闹腾最欢的 8 年，也是台湾经济持续萎靡不振、凋零下滑的 8 年，以至于有识之士早已不断在为"台湾已被边缘化"担忧着。

2. "国家认同"危机引发族群对立

台湾政客搞民粹政治，最大祸害莫过于造成台湾社会的严重撕裂和对立（尤其是"国家认同"的分裂），进而使得台湾民主政治陷入窘境。在极端民粹政治语境之下，情感性的、难以妥协的认同性议题成为台湾地区政党竞争的主轴，不同政党阵营之间的分歧，往往不是经济民生的政策议题，而是"统独"、"族群"等"国家认同"、民族认同的分歧。在此政治生态之下，各政党之间因为认同危机而展开恶性竞争，一方面使得诸多政策性议题（包括基本的民生和经济议题）往往因为泛政治化而胎死腹中。

另一方面颠倒了民主转型的主次关系，它使旨在解决"国家认同"的"国族建构"之重要性超过了民主转型本身，或者说民主转型走上了服从"国族建构"的轨道。这实质为李登辉、陈水扁式人物发动民粹运动提供了合法性旗帜。于是乎，一到选举，"统独议题"必然高高悬挂，社会对立在所难免。这就像钮汉章、李锦春在《世界经济与政治论坛》撰文《台湾地区民主政治的劣质发展》所指出的那样："国家认同的高度分裂性，必然导致不同政治势力的意识形态迥异，在高度政治动员下，不可避免地造成族群对立和社会分化的局面，从而严重'侵蚀民主巩固的前提——一个共同认可的政治秩序的疆界'"。

3. 语言暴力对政治生态的严重破坏

民主政治本是一种调和机制，内含平等、公平、正义、自由、包容、博爱等价值维度。一个良性的民主政体，不仅要保障多数人的权利，也要保障少数人的权利。现今台湾，却动不动"扣帽子"，"语言暴力"泛滥成灾。在极端民粹语境下，民众要想取得民主权利，必须先通过主政者的"政治法庭"，"主政者通过'政治法庭'，任意抛出几句'形容词'，就操纵了一切黑白是非。"凌驾于一切"国家体制"的"政治法庭"违背了民主的价值关怀。作为一个民主政体，它不能因为一部分人的"不爱台"而对他们施之以"语言暴力"。最可怕的是，爱不爱台的解释权往往垄断在民粹政客手中，他们不容别人半点质疑，否则就会上纲上线，"扣帽子、抓辫子、打棍子"。"质疑总统'玩弄公投'，就被指为'反对公投就不是台湾人，而是中国人'；质疑'政府'的法案或预算案，就被指为'唱衰台湾'；质疑'3·19枪击案'、主张以验票澄清大选结论，又被指为'政变'"。似乎唯一的法典是"反对我者，就是不爱台湾，就是国家的叛徒。"在这样的暴力语言裹挟下，怎么可能指望政治生态的优化呢？

4. 民粹主义导致严重的政治内耗

在政治人物的民粹主义动员下，台湾陷入了"困顿枯竭"（exhaustion）之境地。所谓困顿枯竭，指的是参与民粹活动的人们，被各式各样毫无理性的举动和毫无正面意义的效果，搞得精疲力竭的感受。

　　一般而言，政党竞争模式主要有两种：一种是向心竞争（Centre-Seeking），即政党认为选民的大部分处于中间位置，他们的政纲和承诺以吸引中间选民为目标，因此他们不强调意识形态特征。在向心竞争的情况下，政党间竞争处于低烈度，政治生活倾向于平静而稳定。另一种是离心竞争（Centre-Fleeing），即政党认为选民的大部分处于意识形态的两端，所以政党不是采取中间主义的立场，而是在意识形态上走向极端。在离心竞争的情况下，政党间竞争异常激烈，政治生活倾向于混乱和不稳定。

　　台湾的政党竞争应该属于离心竞争，在这方面表现尤其突出的是民进党这样的意识形态政党。由于是"离心竞争"，台湾社会很快陷入困境，各种资源、人力大都围绕选票转，政客们为了选票忙得焦头烂额，选民们在政客们导演的政治剧里也疲于奔命，整个台湾社会经历着巨大的内耗。一到选举季节，社会就充满了仇恨，选举已经成为一种"零和"的游戏，这正如台湾"中央日报"在《选举季节，社会充满仇恨》一文里所指出的那样："辛辣的言词、挑逗的情绪、非蓝即绿的立场、贿声贿影的歪风，台湾的选举浸淫太多统独的氛围，没人奢望'零和'选风会有改弦易辙之日"。与这种困境相对应的是台湾民众对政治现实的不满。根据台湾《联合报》调查报告，81%说台湾政治不安定，58%说官员没有行政魄力，53%表示台当局不重视民意，72%认为社会不公。另外，价值的偏离、道德的沦丧、正义的失范、社会的沉沦、人心的冷漠，伴随着婚变、家庭破裂、移民、自杀，形成台湾政治生态的另一个切面。

5. 民粹主义生产政治冷漠

　　在政治转型之后，台湾民众的政治参与热情空前提高，特别是在政客们"精神分裂"式的政治动员之下，他们的选举热情在2004年3月"总统"选举中一度达到高潮，但是，民粹主义的政治动员已经开始让他们厌倦，很多中间选民选择了不投票，或者是投"滥票"。台湾"中央日报"2004年12月12日刊登《泛蓝过半，两党政治态势行成》一文指出：

"曾在对上班族所做的调查中发现，这些被西方视为民主政治稳定基础的中产阶级，竟有相当比例的选民将选择不投票"。很多青年学生要"放弃他们的第一次"，原因就在于他们对政治的厌恶。《联合报》2004年12月9日的文章《选举就是……永远的青春期》这样说："天高皇帝远，多几票、少几票，谁也改变不了吃香喝辣永远是掌权者的事实"。从2004年底"立委"选举开始，尽管两大阵营一有选举，都会开足马力进行选举动员，选情却始终热不起来。学者纪欣就说："民众对乐透开奖、职棒大赛、名模绯闻的关心远远超过选举，年轻人更是以'麦搁吵啦'（不要吵啦）表示对政治的厌恶"。还有学者预言，台湾的选举似乎已经进入"寒冬"季节。今后，选举的异化会带来更多的政治冷漠，这种冷漠源于人们政治理想与政治现实的落差。

政治冷漠对于民主体制的巩固和发展是极其不利的。日本学者猪口孝和英国学者爱德华在他们合篇的《变动中的民主》一书中，这样告诫："民主是一种把公共偏好转化为公共政策的机制。没有公民方面的积极参与，民主制度不可能产生预期的政策结果。可是，在许多主要的民主国家，公众对政治与政府的幻灭感在显著地增长，这严重妨碍政治制度的运行。"当台湾民众在政治理想与政治现实的严重不对称下逐步觉醒时，尤其当政治民粹被台湾民众长久抵制而上升为"道德谋略"时，民众最终选用选票来终结民粹主义就成为了不可抵挡的趋势。

三、娱乐政治"戏化"民主

有人这样说：对于当今台湾的政治来说，已经没有什么话题可称为是"严肃的话题"。只要够娱乐、够刺激，什么样的话都敢讲。政治已无禁忌，政治在不断营销下，已经娱乐化，游戏化。

这样"政治娱乐化"的基因，并不是台湾社会原有的"基因"，而是一种"转基因"。作为"威权型的国家与地区"，台湾地区和许多传统威权型亚洲国家一样，传统的基因是"娱乐政治化"，"娱乐要效命于政治"。这个基因，在第三波民主浪潮所带来的亚太地区民主化推行的催化下，且在台湾政客的"政治营销"理念导引下与操作下，成功实现了"转基因"。就如台湾政论家南方朔所作过精辟点评一样：台湾在民主化的过程中从过去讲求政治绩效（Political Performance）转变为"表演政治"（Performance Politics），政治从一种"志业"变成了讲求可看性和充满情节和戏剧性的"演艺事业"。

这种政治的"转基因"，和其他"转基因"产品一样，它肯定给人们带来一定的"实惠"与"意义"，才会吸引人们欢迎它，并投入其中。但是，它也一定和其他"转基因"产品一样，难免带给人们许多的疑虑，那可以说是一种"不确定"、"不稳定"、"不安全"的疑虑。于是乎，"举目望去，台湾的政治怎么让人眼花缭乱，怎么这样的'乱'？"……政治话题已经成为台湾选举期间综艺节目百讲不厌的永恒命题，堪称"选战嘉年华"、"全民大闷锅"，多少政治模仿秀节目充斥着台湾的社会。

对此，学界、民间解读可谓见仁见智，真是像解读所有"转基因"产品一样，有人叫好，有人唱衰与喊停。叫好者说"这是民众政治话语权的体现"，誉之为"另类的民意代表"、"政治的照妖镜"；唱衰与喊停者则抨击它"消费掉了人们对政治的想象、价值或者信仰"。

这两种观点的对照，这两种思想的激荡，无疑有益于我们更加理性地思考："政治娱乐化"这个"转基因"产品何以在台湾大受欢迎，生长得如此"有生命力"？如何辩证透视这种综艺节目中的"政治娱乐化"现象？"政治娱乐化"作为全民参与的政治现象，它在与台湾特殊的民主政治文化碰撞中会滋生何种效应？等等问题，不一而足……

（一）从"娱乐政治化"到"政治游戏化"

如前所言，台湾原本只有"娱乐政治化"，而没有"政治娱乐化"的基因，在台湾舶来了西式民主，试穿起"民主政体"的服饰后，才实现了从"娱乐政治化"到"政治娱乐化"的"转基因"。

总体上看,这个"转基因"还是一个"技术很粗糙"的过程,一个令社会"喜忧参半"的过程。的确,它曾经一时间令台湾社会兴奋不已,也让整个社会感到有些无所适从。

造成这次"转基因"让人喜忧参半的原因可以从两个方面考察:一方面是,多元的声音无形中扩大了反政治的声浪,激化了民众对政治的对立情绪。原先威权时代使民众窒息太久,整个社会突然间有了前所未有宽松的开放的言论环境,长期以来所积淀海量的民怨,呈火山爆发一样的喷涌姿态,言论失控、言论失态的现象在所难免,甚至有些声音显得十分嘈杂而搞笑,政治的严肃性被这种"民粹"特色"搞笑"所消解,从"根源上走向娱乐化"。再加上对"政党轮替"后的政党之争、族群和"国家认同"等矛盾的煽风点火,媒体一时成为社会乱源。什么样的政治议题都可以说,什么样的政治人物都来说,政党的权威、尊严、颜面、信仰日渐弱化,娱乐意味进一步增强。加之,政治人物为了吸引民众眼球不惜以各种方式,包括丢丑卖乖、打架斗殴,在政治舞台上做秀,与生活中的形象截然不同,完全把政治当作演戏剧、做游戏。另一方面是,这种植入性民主缺乏"地气"。台湾"民主"引种之后,"生长期尚很短暂",使得程序、法规等并未真正跟上和完善,自由要不要约束、怎么约束并未得到进一步思考,这使得瞬间放开的言论自由呈现泥沙俱下、毫无顾忌的状况。由此,反映到对政治的娱乐化上面,即是用调侃和戏谑来表达长期的政治压抑情绪。反过来,很多人也把政治的娱乐化当成了以示言论自由的工具,这进一步加速了政治的娱乐化。

1. 零自由度下的"娱乐政治化"

有人统计,台湾在"戒严"的三十几年间报纸停滞未增,到1988年全台湾共30多家报纸,且每天每家的版面不得多于12页。电子媒体以电视为例,台当局控制了台视、中视、华视三家无线电视台,实施"特许独占"、"官办民营"的方式,实际上是在官方保护中实施传媒垄断,用没有竞争的盈利模式保障当局意志的实行。

台湾传媒和行政机构的关系自然形成一种依附关系，成为执政党巩固权力的工具。传媒的职能是当局政令的倡导和教化。"当局运用'党国体系'的复合组织及动员，再配合多重的政策实施，全面介入操控媒体，加上媒体内组织的控制，排除异议杂声，铲除反对政府及市民社会自主的势力。"

这种对于言论、出版自由实行严格控制，必然"导致整个社会对政治的噤声"，即使民众的日常言论也必然受到压制，甚至"一些民间政治笑话都受到追查"。

这种对整个社会的言论压制，必然要延伸到所有"娱乐性"的综艺节目。首先，台当局对政治色彩较淡薄的综艺娱乐节目仍然实行严格的审查。根据王文昌对台湾学者研究资料整理，当局对流行歌曲也要加以筛选和审查，然后才能分送电视台播放。其次，综艺节目主动为政治效命。在李献文的《台湾电视文艺纵览》中分析称，"台湾的综艺节目同样是国民党统治者的掌中之物和驯服宣传工具"，她举例说每逢蒋介石的生日和忌日，三大台就会精心制作表达敬意的节目，蒋经国逝世时制作特别节目《经国先生纪念音乐会》、《永恒的恩泽经国先生纪念专辑》，而这些"遵命"文艺的政治性大大超过了娱乐性和观赏性。媒体充当的这样的角色，被后来的人们称为"党国体制"的侍从角色。

另外，这一时期台湾"三大台"其实还有一个"只做不说"的做法，那就是尽量"不涉及政治"、"稍稍离开政治话题远一点"，用心去制作了大量的所谓"纯粹"的娱乐节目和电视剧，其目的也是为了规避政治风险。这从一个侧面反映了当时的政治高压和人们对"政治高压"的态度。

所以，完全可以这样说，这一时期，在台湾根本谈不上政治的娱乐化，只有"娱乐的政治化"。

2. 有限自由下的"政治娱乐化"

在 20 世纪 80 年代中后期，西方民主化浪潮席卷台湾时，在内外复杂环境交错影响下，蒋经国于 1987 年宣布解除"戒严"体制。部分主流媒体不再扮演"党国体制"的侍从角色，言论有了一定的自由，媒体批判当局与国民党已不再成为禁忌。民众的言论自由也已经真正开放，在社区、在公园、在公共场合，指责当局、抨击政治和调侃政治是那个时候"民众常见的政治热情"。

1991年，国民党当局终于取消了广播电视歌曲的审查制度，将综艺节目的选歌权交还广播电视媒体，虽然仍采取事后追惩制，但这毕竟是对媒体"松绑"的实质性行动。在此一时期综艺节目中，娱乐政治的迹象初现端倪，具体表现就是政治模仿秀节目出现了。

当然，那个时候媒体对政治的娱乐，手脚还放不大开，尺度还不够大胆，他们受当局的压制还很多。这一时期还只是有限度的言论自由，可谓"犹抱琵琶半遮面"。另外，媒体和政治的关系非常密切，"三大台"背后是国民党、行政机构、军方各自为其支撑。可想而知，在媒体如此植入政党立场的情况下，不可能放开手脚去调侃娱乐政治。

所以，这一时期的政治娱乐化有所表现但是受到很大制约。真正使得政治娱乐化成为一种现象受人关注则是"政党轮替"之后。

3. 过度自由下的"政治游戏化"

2000年"总统大选"对于台湾"民主政治"是关键一年，民进党以不到四成的选票获胜，民进党陈水扁上台，台湾历史上第一次实现"政党轮替"。台湾社会由此开始经历从完全放开后的自由到众声喧哗、混乱不堪的过度自由阶段。此其后，台湾新的法令明确禁止台湾的政治领导人对传媒的管理和运作施加影响和干涉，媒体获得了"最大的自由"。同时，由媒体引导的民间舆论其实也获得了从未有的宽松与自由。

对于政治而言，宽松的开放的舆论环境本应为政治民主助推进步。换言之，民主政治需要开放的舆论环境与之相匹配。但是，自由如果不加限制，特别是自由如果不与法规同行，很可能给社会带来无序和混乱。台湾社会果然陷入这种"自由社会陷阱"。一方面，媒体给政客、公众带去不受限制的话语权；另一方面，社会的喧嚣引发社会混乱，社会混乱和无序又催生了政治游戏化。当台湾人为"他们能够举个牌子随意从'总统'叫骂到村里长"而自得的时候，其实一个问题就值得思考了——那就是"政治诉求这样的被娱乐化，是否能够真正达成政治诉求呢"？换一句话说，连民众的政治诉求如果都这样娱乐化了，政治还有什么严肃性？而完全没有了严肃性的政治、完全游戏化的政治，能够有效维护社会的稳定，捍卫民众利益吗？

这一时期的综艺节目可谓是鱼龙混杂，以"民众需要"为理由的各种滥俗、煽情、刺激等低级趣味的节目甚嚣尘上。只要够娱乐、够刺激，什么样的话都敢讲。正是政治无禁忌加上娱乐无禁忌，共同产生了政治性和娱乐性极高的共生体——政治游戏化。事实上，台湾的言论自由促进了民主政治，但"混乱的过度自由"也造成了政治游戏化。

（二）娱乐政治下的政治怪像

按理，政治事关国民生计，本应是严肃的事情，尤其对于政治人物来说，对于手中握着权力的人来说，必须认真对待。但在台湾政坛，大量政客为取悦选民，借助媒体，借助舆论，以娱乐为手段，以做秀为方式，站在还不成熟的民主平台上营销自己，追求政治利益。

此种极不负责任的疯狂之举，必然导致和深化混乱的政治娱乐化。同时，台湾社会长期以来积累了错综复杂的政党之争，政治乱象层出不穷。面对娱乐政治与政党竞争，承载社会言论与资讯传播的媒体，其应有的公共论坛和社会公器之作用不仅没有得到有效发挥，反而也以营销的理念和方式对应之，以"政治娱乐化"为"大餐"，共分一杯羹。于是，在"政治娱乐"之中，成为制造冲突和煽动对立的"社会乱源"。再加上台湾媒体本身的诸多问题，各种因素迭加，造就媒体一片"乱象"，舆论一片"乱象"。

1. 媒体竞争的乱象

台湾人口虽只有 2300 万，但媒体行业非常发达，各种媒体数量众多，密度之大可算排世界前列。地方不大、人口不多，新闻事件本应不多，但各大媒体却都需要大量的新闻，而且希望求新、求奇，以吸引"眼球"，这一矛盾导致岛内媒体进入白热化的抢夺资源阶段。

信息时代，相较于广播电视，平面媒体无论在时效性上，还是在传播速度上，皆处弱势之位。尤其是在20世纪90年以后电子媒体蝗灾般啃食广告大饼，令平面媒体在广告领域遭遇雪上加霜，加之印刷成本因纸价调涨而提升，多数平面媒体不得不在狭缝中思索如何应对。在这场平面媒体转型过程中，最典型的代表莫过于《苹果日报》。该报是香港人黎智英在2003年5月2日携巨资赴台创办的。《苹果日报》一诞生就在风格和受众等方面给老牌报纸《联合报》、《中国时报》以巨大挑战。

《苹果日报》之所以招人所爱，关键因素就是"抓眼球"，受众喜欢什么，就提供什么，没有价值标准，没有是非判断，没有精品意识。为"抓眼球"，它可无限放大图片，甚至连房地产广告也以照片形式刊登；为"抓眼球"，以强化视觉、思想冲击性为生存第一要义，头版经常是强奸、暴力、死亡案件；再加上每天固定出现的"清凉"版面，颇能吸引年轻受众，在台湾中学校园评选出的最流行报纸刊物上名列榜首。该报因内容主题难登大雅之堂，诸多学校三令五申要求学生不要购买，但学生仍争相购买、全班传阅。

最可怕的是，《苹果日报》迅速抢占市场，开创了一个"媒体乱象"的时代。从此以后，台湾报纸版面上，"裸体配尸体"似乎成了主流、成了潮流、成了定律！为了抢夺市场，台湾平面媒体争先恐后走向"小报化"、走向低俗化、走向恶心化。以庸俗换眼球，以恶心赚受众，台湾平面媒体焉能不乱。难怪有人戏说别吃"三明治"（指"三立"、"民视"、"自由时报"），这些电视报纸都在造谣，但却没人管。

最可怕的是，原本稳重的老牌报纸也纷纷改弦更张，开始"把一些刺激性的新闻做大，把一些重口味的新闻挪前"。有人如此评估《苹果日报》在台湾平面媒体的江湖地位，称《苹果日报》是"压垮台湾专业主义的最后一根稻草"。

媒体乱象是有传染性的，不仅平面媒体天天演绎"五代十国"，台湾电视媒体推出的"三国演义"更是令人眼花缭乱。有学者对台湾电视媒体乱象做了如下归纳：

1、SNG 车满街跑，杀人、火灾、车祸等负面社会新闻 24 小时不断循环播出。
2、政论节目泛滥，发言者只讲立场不论是非。
3、对于牵涉隐私的事件做毫无保留的报导。
4、对于亲人丧生或特殊事件的苦主穷追不舍，不知心存哀悯。
5、捕风捉影，造谣生事，报导没有根据的事情。
6、节目色腥味浓厚，渲染色情与暴力。
7、对于抗争或冲突事件扩大报导。
8、迷信及鬼怪节目充斥。
9、大型财团肆无忌惮地对有线电视产业进行水平与垂直的整合，联合垄断大众传播市场。

有大陆记者叙述过与台湾电视记者同期采访的几件"趣事"。当连战 2005 年到大陆时，台湾有些电视记者把连战抛开，不断追逐其儿子连胜文，问他"为什么瘦了"，是不是"为情所伤"。当国民党、亲民党"立委"访问大陆时，台湾电视媒体根本不闻不问，而是追踪"重大新闻"——名模林志玲骑马摔伤，据说伤及胸部，使得两边不对称。大陆驻台记者跟着"陆委会主委"到金门采访"小三通"业务执行情况时，台湾某电视新闻台却紧盯着大陆某位男记者，因为发现他长得很像陈水扁的儿子陈致中，后来果然以此为主题做了此行的唯一一篇"独家报导"。这样的媒体竞争，这样的"政治娱乐化"已经到了让人匪夷所思的地步。

2. 舆论导向的乱象

娱乐政治、政党恶斗、媒体竞争乱象三管齐下造就的台湾舆论导向的乱象，具体表现在以下几个方面：

舆论激进。台湾电视台 24 小时连续滚动播出 SNG 车从台湾各个角落搜罗出的一些奇闻、怪闻、绯闻、丑闻，一年中多数时候的电视里大多都是播放细微的市井新闻。曾有人看到一只小猫被卡在灯箱上下不来的"新闻",被反复报导了好几轮。这样的电视节目给观众的思想高度、思维方式以巨大的影响力,无形之中为民众洗脑,培养着台湾民众"无事生非、小事化大"的思维理念。我们也经常能看到这样的现象:台上几个政客以偏激的言辞煽动台下的听众,惹得他们群情激奋,高喊口号。这是蓝绿政党对立长期以来就存在的现象。此外,在一些政治立场偏颇的政论谈话性节目中,名嘴们运用一些未经求证的事实,混淆视听,倒果为因、积非成是,非要形成非此即彼的观点,形成激烈言语对抗的场面,使观众忿忿不平地随着煽动者起舞。这些偏激的政论节目大行其道也间接说明,台湾社会有激进的氛围,非此即彼、泾渭分明的态度已经成为台湾社会的风气。曾有媒体所做的"观众对新闻台满意度调查"结果显示,73%的受访者认为,正是新闻台带坏了台湾社会的风气。有台湾学者称,这些节目吸引很多民众在媒体上"寻求那些跟自己同仇敌忾的言论","造成社会动荡不安,是败坏社会风气的最大元凶"。

模糊真相。台湾各个媒体皆按照自己的蓝绿背景各执一词,同一事件往往被媒体弄得莫衷一是。尤其是选举期间,政党间利用媒体相互诋毁,使之成为"谣言制造机"。2004年"总统"选举中的"3·19枪击案"就是典型例证。蓝绿双方、亲蓝亲绿的媒体都各自强调对自己有利的证据来发挥。绿营坚称是对陈水扁、吕秀莲的政治谋杀,国际刑侦专家、美籍华人李昌钰是连宋北美后援会的会长,做出的"非政治谋杀"推论结论不可信,甚至称蓝营联合中共打台湾人"总统"。而蓝营则指,枪击案企图影响选举结果,而这对当时选情并不乐观的绿营有利,极有可能是绿营的操作行为。到目前为止,"3·19枪击案"仍然是台湾政坛的一大悬案。

在这种舆论环境下,台湾蓝绿民众在各自阵营媒体的宣传下坚持各自立场,陷入无结果的争斗,而理性的台湾受众在海量、各异的蓝绿媒体信息中失去对政治的分辨判断,对媒体的信任度也随之降低,政治疏离逐渐产生,转而寻求娱乐化的方式去解读政治。

丑化表达。因为民主社会里媒体自然把自己塑造成天生的"反对党",对于政治议题和政治人物倾向于讥讽和揭丑,把丑闻作为政治报导中的重点,甚至形成了台湾媒体独特的"名嘴揭弊"现象,媒体的权力逾越了司法。舆论对于政治的态度全都倾向于用丑化或敌对的态度报导,表现在综艺节目中就是嘲弄和戏谑。外表清新的民进党前主席蔡英文因未婚,也没有男朋友,竟然一度被人质疑性取向有问题,在台湾舆论中掀起一股不大不小的关注高潮。

八卦涌动。由香港《壹周刊》携卷而来的八卦风对台湾媒体影响很大,把"狗仔文化"对隐私的关注延伸到了政治人物,由此又为政治娱乐化平添无数话题。政治八卦化把政治话题的疆域打开,为综艺节目中的政治娱乐化提供现实素材。在台湾,政治人物八卦往往成为政治娱乐化的主打内容。例如陈水扁女儿陈幸妤因一度在媒体面前"发飙"而成为模仿秀节目中的"常客"。2012年大选选战阶段,民进党副"总统"参选人苏嘉全的妻子洪恒珠遭爆料,被指在苏嘉全任屏东县长时期观赏"猛男秀",并有光盘为证。光盘内容是洪恒珠与一些女性友人在一场生日派对中狂欢,两名猛男卖力演出,最后脱得只剩下丁字裤,其中一名猛男上前找洪恒珠,洪赶紧闪避到后头,猛男随即找在场其他女子,整个过程洪与友人笑得十分开心,最后还与其他男子婆娑起舞。通过这样的爆料进行形象毁损和人身攻击,目的当然是借助媒体之力搞垮政敌。

（三）娱乐政治对台湾民主政治的双重影响

现代选举亦称"媒介选举",政党取悦媒体是取媚选民的最佳途径。因为大众媒介是影响选民选择的重要平台,故而政客做秀以吸引媒介则是政党智囊的核心要务。无论承认与否,强大的传播能力的确是民进党的选战利器。民进党是打选战的顶尖高手,甚至连国民党都不得不服气。在人际传播方面,他们推举的候选人在任何竞选场合,握手一定是一手相握、另一手包覆其上,让人充分感受肢体语言上的热情;面对公众鞠躬感谢一定是90度，久久不起，让人感觉到他们的"诚意"。此种带有表演性的"游戏式民主"，不能说是一无是处，但"选民至上"政治理念所包裹和隐藏着的政治企图和政治利益是什么呢？大概只有政治人物和政客自己知道。

毫无疑问，"选民至上"意味着"选票至上"。有人说："为搏取选票，台湾政客往往会令媒体扮演妓女角色，卖弄风情，搏客（选民）一乐。"这话虽难听，但不是没有道理的。

众所周知，台湾媒体偏好拍摄动作大、戏剧性强、情感落差大的镜头；政治人物为搏得关注，不惜采取言行出位、夸张煽情、甚至"八卦隐私"等拙劣手段。他们双方一拍即合，在公众面前忸怩作态，强迫公众在娱乐化的政治游戏中接受其政治主张。陈姿妙就曾在《台湾政治选举娱乐化》一文中指责说："政治候选人平时无心问政，一到选举就四处丢议题造势，使用激烈的手法让自己在电视上或报纸上曝光。"台湾政治精英如此演绎民主，必然给台湾民众造成"民主即游戏"的错误解读。这种参与型政治文化一经长期积淀，势必会在台湾社会中酿成政治冷漠、游戏民主、信仰缺失等等恶果。

应该这样说，在台湾地区开放"党禁"以来，这个党那个党的频频亮相，一场选举接着一场选举的"捣腾"，民众在超量释放政治参与热情之后，眼见着选举病态的不断出现，政治理想与现实差距巨大，大量选民的投票热情也就逐步被消解，不断在"退烧"。传统式的宣传和严肃性话题就往往不能打动民众对政治的关心，也不能使政治团体的政策主张和候选人的竞选纲领得到选民关注了。这个时候，无论是政客还是媒体，都对此深感无奈，他们也许都知道，为了刺激"泛选举化"所导致的选民对政治的漠然而采取的把政治主张娱乐化、游戏化，可能使得台湾政界、传媒界走入迷津。但他们"没有办法掌控选举和诱导投票的良性走势"，他们为了"选票"，为了暂时的政治利益，已经无法理性地"绕开"和"避免"误入歧途。政客或媒体在深度考量自身利益之后，只能先"头痛医头",选择以"政治的娱乐化"吸引选民了。他们根据选民层级、心态等将政治节目娱乐化,使得选民在轻松与娱乐中了解政治团体的主张,明晰政治斗争的方向,在潜移默化中引领选民的心态,并在选举时运用媒体和其他载体相结合的方式将这一无形的心态转化为有形的选票,以期获取选举的胜利。

这样一来,台湾媒体在制作政论节目的时候就不能不加入"娱乐元素"。采集政治话题,采取戏谑的手法,采用娱乐的方式,通过媒体传播,几乎成为一道公式。这在客观上造就了台湾政论节目的长期盛行,并且培育了一群以评论政治、说唱新闻为事业的政治评论员。许多大学教授、文字工作者、政治观察家、"立法委员"、媒体新闻工作者纷纷转行,或全职或兼职出入于各大"政论节目"评说论述,成为台湾政坛的又一道风景线。在台湾政论节目中常见的评论员有黎建南、江岷钦、郑又平、邱毅、姚立明、胡忠信、张友骅、陈凤馨、杨宪宏、游梓翔、张启楷、黄智贤、董智森、陈彦伯等。这些评论员能说会道,语言表达能力极佳,许多人的评论风格都极具幽默感,用另类的视角和逗趣的语言向观众展现新闻政治的另一面。他们有些带着台湾本土式的幽默,利用许多台湾的民间俚语或宗教故事来阐明问题,使观众对他的观点更易接受,理解得更透彻。如江岷钦极擅长使用民间俚语解析新闻事件,用台湾人熟悉的理解方式使评论一目了然;有时则会使用现在年轻人的另类用语,使节目更活泼轻松,又不失政论性质。

可以说,台湾"政治娱乐化游戏化",给知识精英"指点江山"和纵论天下大势提供了很好的平台,也是民众情绪宣泄的主要管道。台湾当局在"民意不可违"的语境下,只能听之任之,甚至还有一些党内人士、民意代表也热情参与其中,助长之强化之。现如今,政治娱乐化的趋势在台湾已经无法遏制。这些层出不穷、花样翻新的政论节目,极大地影响着台湾的政治生态、社会治理和民众生活,它既是各大政党抢占滩头阵地的政治地盘,也是许多评论员和媒体人谋求饭碗的语言宝地,更是台湾民众守望政治生活曙光的窗口。这样一块平台联结着政党、媒体和民众，它已然成为台湾畸形政治环境下困惑的民众宣泄的最直接有效方式。

　　然而，"政治娱乐化"和"游戏民主"对台湾民众民主政治素养造成硬伤也是不容忽视的现象。台湾政客游戏政治的终极目的一直就是煽动民意、引导民意，而游戏手法再千变万化，也就是为这一个目的服务的，除此而外，其他的一切对他们都不那么重要，都可以"不那么当真"。这样说其实还不够准确，对于"民意"他们也没有那么当真的，对于他们来说"只有选票是真的，其余都是假的"。难怪有人说，台湾"立法院"就像一个武术馆，在馆内吵架谩骂甚至动手打人，可是下来后大家又"一笑泯恩仇"，游戏政治不必当真。但问题是，这种不可当真的政治游戏却会在无形中对台湾民众的民主政治素养造成难以愈合的创伤。正如台湾政治大学陈忆宁所言："政治议题的报导充斥游戏基模（game schema），其核心概念就是'政治即策略与游戏'……政治基本上就是政客为了追求个人升迁、赢取权力的游戏。游戏的场景可能是政府机构、公共问题、政策辩论等"。这一切本该严肃的议题与场景，却变成为———一切都是荒诞表演，一切都是逢场作戏，一切都是弄虚作假，一切都是为戏而戏……如此政治土壤，又怎能期待提升民众民主政治素养？！

　　导致台湾民主乱象的因素是多方面的，除转型社会特有的动荡性、复杂性，还有政客们的恣意而为之外，媒体自身的商业运作亦难辞其咎。毕竟收视率是确保媒体饭碗的基本，台湾媒介此种应对现实的无奈、顺应，本无可厚非。但是，群媒乱舞、语言暴力、节目负面化、信息八卦化等背后隐藏着的无形之手就是商业媒体的"收视率"指针，且收视率盲目追逐倾向在台湾呈现愈演愈烈之势，所用手法可谓无所不用其极，有的甚至突破了伦理道德底线。这一切的一切，已经在不经意间用一支无形之手把民主素养尚待提升的台湾民众推向了纯粹的政治娱乐消费者的境地，这对台湾民主政治而言可谓创痛非浅。

可是，你听听媒体人自己怎么说？一位综艺节目制作人如此说："其实不是台湾的电视人不知廉耻，是环境造成的"。换言之，"逼良为娼"成为了台湾媒体人的自嘲自解之语。

事实也许正是如此。在台湾，倘若媒体企图获取利润的最大化，就必须适应"市场规律"和"交易规则"，随着市场变异的思维逻辑去完成媒体的无原则臣服，这样做的后果是弃培育民众政治素养之使命如敝屣。于是乎，媒介化为变色龙，有求必应，观众想看什么，媒体就提供什么，哪怕是冲破底线亦在所不惜，使命意识早已灭失于喧嚣声中。对于媒体而言，唯一宗旨就是要找"最大公约数"。可以想象，如此娱乐类节目，肯定会比制作知识分子的文化或政治类节目有更大的观众群。

有学者严正地指出：媒体演绎下的政治娱乐化导致的直接影响就是，传统公共领域建构的公民在"温水青蛙"效应下，迷迷糊糊蜕变成娱乐的消费者。视政治为娱乐，视民主为游戏的大有人在，追星般地追捧政治明星成为一种时尚或潮流。这种因营销深度介入"选举文化"带来的价值偏离，使得选举者和被选举者一起沦为选举的牺牲品。事实上，政治人物消费公众，公众也在同时消费政治人物。选民亦好，政客也罢，他们无一不在演戏。有的选民压根儿不知道被选举的政客属何方神仙，就卷入了所谓"民主投票"的狂流，因为他们仅在消费政治、享乐政治。在这样一种负面信息、黄色信息、花边绯闻铺天盖地的环境中，媒体所培育的选民政治素养，又怎能奢望其有多大的提升呢？

四、媒体失重诱发的民主异化

如果说，在台湾有一个"民主的万花筒"，那么，媒体肯定是其中极为重要的"构图因子"。从舆论导向的角度考察媒体，不难发现，因为有了它，台湾"民主万花筒"变幻出了许多光怪陆离的图案。本节将更多地从媒体争夺战中、媒体传播方式上来考察"媒体政治"的形成，以及其对台湾政治的影响与异化。从这个角度上，又可以看出，媒体使台湾"民主万花筒"变得更加光怪陆离、难以理喻。

台湾地区自解除"戒严"以来，通过所谓的媒体"改造运动"，虽然表面上呈现多元化的盛事情景，但媒体受政党左右的情况依旧十分严重，媒体政治化程度非常深。比如，民进党从它诞生的那一刻起就开始用媒体政治扭曲台湾民主，尤其在 2000 年陈水扁登上"总统"宝座之后，更是开始疯狂地"绿化"台湾媒体，极大阻滞了台湾"民主化"进程，也令媒体公信力一落千丈。曾几何时，台湾政党在选举中除了少量的疑似政见的政治口号外，基本都是在媒体上抹黑攻击对手，似乎谁把对手搞得更臭，谁就能当选，而这一历史悲剧至今还在重演。可见，台湾民主政治已经被"媒体政治"拖入偏轨之中。

（一）民进党何以夺得媒体话语权？

20 世纪 80 年代以来，由于政治反对运动团体一再要求解除"戒严"、回归"宪政"，台湾的非主流媒体顺势而起，开始扮演民主催化的角色。有资料显示，在"报禁"开放之前，台湾登记发行的报纸只有 44 家，而截止 1989 年底，向台湾"新闻局"登记申请成立的报社达到了 275 家；到了 1999 年 1 月"出版法"废止前，登记的报纸数量已多达 367 家。总之，这个时期以来，台湾报业出现了不少新面孔，其中较为知名的有《联合晚报》、《中时晚报》、《首都早报》、《环球日报》、《太平洋日报》、《自立早报》、《苹果日报》、《大成报》、《劲报》等等。

报纸是多了，而国民党能掌控的却少了。有人用北宋诗人晏殊"无可奈何花落去"的名句形容国民党当局当时的心境，确实非常恰当。那个时候，国民党当局被迫开放媒体，并进行了一场所谓的媒体"改造运动"，媒体日益"公共化"和"多元化"，国民党对媒体的全面控制力也丧失了。民进党于是乘虚而入抢夺"话语权"，不论是纸质媒体还是电子媒体，民进党通过"蚕食"的办法不断将版图扩大，完全达到与国民党匹敌抗衡的境地。于是，表面上看，此时的台湾媒体呈现多元多样多变的格局，其实媒体受政党左右的情况仍然十分严重，媒体政治化程度非常深，只是真正掌控这些媒体的已经不是国民党当局，而是在野的民进党。这些强弱不一的纸媒，不仅出于利益驱动被民进党所牢牢掌控，为民进党的"壮大"和曾经的"胜选"立下了汗马功劳。

在电子媒体方面，那个时期国民党虽然开放了"党禁"、"报禁"，但对电子媒体的管制却没有放松。国民党当局仍然以"频道已满"为由而拒绝开放电视频道。国民党长期控制着台视、中视、华视三台，利用电视媒体操控舆论，为自身塑造形象。在"合法"申请电视频道的途径被堵死的情况下，在野的反对势力只得转而投入非法的"第四台"的营运。所谓"第四台"，指的是台湾民间对有线电视的俗称。"有线电视法"修订之前，在台湾设立有线电视属非法行为，因此民间习惯上将有线电视称为台视、中视、华视无线三台之外的所有台为"第四台"。由于支持民进党的"第四台"多冠有"民主"两字，因此又被通称为"民主电视台"。1990年2月28日，民进党支持者洪奇昌于双和服务处内设立"中和民主有线电视台"，该台顺利开播后，民进党公职人员便纷纷投入"第四台"的经营中。一时之间，"喷射民主电视台"、"台湾民主有线电视台首都台"、"台湾民主电视高屏台"等"民主电视台"在全岛迅速蔓延，遍地开花，达到了两三百家之多。"第四台"除了一般节目的播放外，政治性内容节目的比例甚高，包括了"立法院"、地方议会的质询情况、街头运动、民进党宣传演讲会的剪辑报导等，借此向大众宣扬民进党的政治理念。他们这样做，目的是对国民党当局施压，迫使其开放电视频道。毕竟，历史的步伐不可阻挡。在持续不断的民众呼请声中，台湾当局再也守不住电子媒体的最后防线了，于是被迫地无奈地全面放开。一时间，台湾地下电台迅速蔓延。地下电台兴起后，几乎一面倒地支持以民进党为代表的在野反对党。民进党不仅默许党内的公职人员兴办地下电台，还与支持本党理论的学者和社会团体所设的地下电台建立攻守同盟，共同批评国民党，宣扬民进党的理念，从而使遍布全台的地下电台成为了民进党的绝佳传播基地。应当说，这时候的民进党已经夺取了媒体阵地，有了不弱的"话语权"。

民进党当然不会就此止步。自 1990 年 3 月起，时任民进党秘书长的张俊宏陆续在中和、高雄、高屏、三重等地设立"民主之声"广播电台。1993 年 11 月，亲民进党人士许荣棋开设"台湾之声"，更加强化了地下电台政治抗争节目的内容，并且首次在节目中鼓动出租车司机参与反对运动，将地下电台的群众动员力量发挥到了极致。1994 年 2 月 22 日，500 多辆出租车在"台湾之声"的鼓动下，到"财政部"抗议保险费问题，围困"财政部"大楼，导致交通严重瘫痪。当时，作为"台湾之声"主持人的许荣棋不断在节目中播放民众反对抗议活动解散的 Call-in 电话，使电台首次成为了群众运动的指挥中心和意见回馈中心。《中国时报》1994 年 2 月 23 日的《台湾之声——新主导者》评价说："这种新型互动模式也是反对运动前所未见的"。

操控众多媒体的民进党有了"话语权"之后，就开始全面地向国民党发起舆论攻势。他们的文宣在地下电台的强大支持下对国民党阵营步步紧逼，猛烈炮轰。国民党反而在这场"电台文宣战"中成为了"弱势群体"。民进党借助地下电台的强力动员造势在选战中取得了"辉煌的战绩"，他们再一次大面积地动摇了国民党的执政基础。

可以这样说，"解严"和"报禁"的开放，使媒体的论述空间骤然变得开阔而宏大，报纸版面也不断增加，新兴媒体如雨后春笋般一个个冒出头来。"第四台"、"地下电台"等反对势力支持的地下媒体，也在从地下走上地面后逐渐取得了发声管道，台湾社会迎来了媒体骤然增多的"战国时代"。

特别是在 2000 年台湾"政党轮替"之后，媒体本应扮演的公平、中道、理性、公正之角色消失得无影无踪，诸多媒体的表现令人极度失望。一是部分媒体丧失了中立客观立场，甚至明目张胆地随某政党一面倒。本应独立于政治板块、站在政治光谱中间的媒体，却自毁"第四权"长城，向特定阵营倾斜，沦为政党传声筒或政治工具，向权力屈膝、向民粹谄媚、向政党靠拢，丧失了媒体应有的职责。二是媒体从客观报道者、旁观者摇身一变成为操纵议题者、参与者。介入并操控蓝绿政治对决，蜕变为政治人物青睐必争的场域。三是激化蓝绿矛盾、族群对立，导致社会、族群的分裂与撕扯。诸多媒体以唯恐天下不乱之手法，推波助澜、煽风点火，刺激蓝绿矛盾、加剧朝野对立，使社会陷入普遍性狂乱、焦躁之中。四是睁眼说瞎话，指鹿为马、曲解是非。媒体本有着澄清真相、明辨是非的功能，然而台湾媒体非但对一件新闻事件不给社会一个清楚明白的交代，让民众有正确的认知，反而乱中添非，黑上涂漆，愚弄公众，连起码的道德底线都不守住。

（二）"媒体大战"已经成为一种景观

台湾媒体骤然增多，这看起来是件好事，仿佛新闻业态一夜之间发达起来。其实仔细观察就不难发现，台湾因经济总量不大，恰巧这十几年来又遇上亚洲金融危机和世界金融危机乃至世界经济危机，加上台湾在民进党执政的 8 年中经济滑坡，仿如雪上加霜，客观上给四处抢食的台湾媒体造成生存困境，不少媒体为分得"一杯羹"绞尽脑汁，撕破脸皮，于是因所谓"竞争"而引发媒体之间的战争乱象。且如前文所述，媒体被党派掌控，为政党直接或间接服务，必然更加激发媒体之间的战争，乃至"恶战"，乱象就更是没完没了。

1. 媒体争夺战的无休止上演

2000 年，台湾政坛的首次"政党轮替"将民进党推上了执政舞台。在野势力出身的民进党深知夺取媒体控制权的重要性。执政权到手后，民进党便开始对媒体进行变本加厉的"绿化"，试图改变此前国民党在媒体政治版图划分上的有利局面。国民党见民进党气势猛烈咄咄逼人，为维护自己党派利益也绝不坐以待毙，他们原本手中掌控的媒体就很多，现在为了战斗需要，充分体现媒体的战斗精神，于是下大力气使媒体"蓝化"。

这样一搞，媒体资源的争夺就成为台湾社会一道新的政治景观；媒体的政治化、娱乐化、低俗化倾向就成为不可逆转。蓝绿阵营为了拥有各自固定平台发声，必然竭力对媒体施加各种影响。对于台湾政党来说，掌控的媒体越多，选举胜利的希望就越大，获取的政治利益才会越多。党媒媾和，并且各自涂抹标识自己色彩，各自还在其后面带着无以计数的"族群啦啦队"，也就成为时常出现的画面。

2. 媒体"绿化"现象严重，致使媒体中道公正精神缺失

民进党执掌政权后，就意味着在法理上取得了对公营媒体支配权的正当性。媒体作为文宣的重要招牌，必然要改朝换代以适应新的主子。但是，"人不换，令难行。"民进党"绿化"媒体，自然主要靠推行一系列人事任命来掌控公营媒体。在 2000 年的台湾地区领导人选举中，李登辉暗中鼓动"弃连保扁"，大大拉抬了民进党的选情。为此，陈水扁特意安排李登辉的女婿赖国洲出任台视董事长一职，以表示对李的感谢。此举引起轩然大波，多位具有专业背景的台视董事辞职抗议，陈水扁仍不为所动。不仅如此，陈水扁当局还委派大批亲绿的"空降部队"对台视董监事进行大换血，如董事江霞就是陈水扁的好友，由此在最短的时间内实现了对台视的"绿化"。华视方面，陈水扁当局指派亲民进党人士徐璐出任华视总经理，新增的董事陈传岳、杨志弘、郭力昕、金恒炜、黄安捷、林宏章等人，也都是民进党籍的公职人员或亲民进党人士。台湾最大的通讯社"中央社"的董事长由李系人马——前"新闻局长"苏正平出任，此举再次表现出陈水扁向李登辉示好的意图。而"中央社"社长胡元辉及副社长兼总编辑刘志聪等，也均是"绿营"人物。从此，许多台湾公营媒体走上了"绿化"之路，沦为了民进党的宣传喉舌或政客们的政治传声筒。原为台湾省营的《台湾新闻报》，在 2001 年初以民营报纸的身份重新出现，由苏进强担任社长，民进党的吴锦发担任采访主任。吴锦发同时还是民进党的外围组织——"南社"的成员，还被陈水扁聘为"文化复兴总会"南部副秘书长。吴锦发迅速改变了《台湾新闻报》的言论立场，将其由"拥宋（宋

楚瑜）报"转变为"挺扁报"（见台湾《财讯》2001 年 8 月号）。于是有人戏称:《台湾新闻报》是台湾"政党轮替"后,立场转变最为明显的报纸。

民进党的野心绝不仅仅是实现对公营媒体的"绿化",他们还继续运用经济手段对民营媒体进行整编,"让政治力戴着商业的面具影响媒体"。

从银行信贷资金和广告经费等方面对民营媒体进行强力支持和舆论控制,是民进党的一大做法。民营媒体的企业性质,注定其对资金有着天然的需求,否则难以运营。对此,"政党轮替"后的民进党深谙此理,他们充分发挥"银行信贷资金控制媒体"这一制衡功能,加紧对民营媒体进程的掌控。一方面,民进党利用执政优势牢牢掌控金融机构人事任命大权,将大批公职人员和"亲绿"人士以合法形式渗入董事会,从根本上实现"绿化"金融机构之目的;另一方面,利用经济杠杆逼迫媒体改变政治立场,为"绿政""吹喇叭抬轿子"。授意已被"绿化"的金融机构收紧银根,抬高借贷门槛。在资金来源被控局面下,不少媒体不得不"卖论求荣",向民进党献媚,以迎合陈水扁之需。而对此原本嫡系的"绿媒",民进党更是不余遗力地疯狂援助,以扶植其做大做强。

民进党对民营媒体的经济控制可谓是无孔不入,其中最致命的绝招莫过于操控广告收入。众所周知,广告收入是媒体营运的生命线,某种程度上说也是媒体营销成功与否的试金石。民进党在 2000 年执政后的几年内,台湾经济捉襟见肘,诸多民营媒体已经陷入难以为继的困境。陈水扁当局此时以广告收入来要挟、利诱媒体,可谓是逼人以绝境,"卖论求荣"成了诸多民营媒体的唯一选择。加之靠文宣起家的民进党执政时期的文宣广告预算相当可观,谋求现实利益的生存法则迫使许多民营媒体捷足先登,竞相抢食广告经费这一巨大蛋糕。他们将中正公平的正确立场早已抛之九霄云外,完全按照党派的理念和需求操作操纵。对此,有许多媒体出于良知予以愤慨指责。香港媒体评论称:"民进党竟胆敢在民主时代,以更细致的方式用经济手段包装政治立场,达到控制媒体的目的,这一波媒体纯化运动,俨然是麦卡锡主义在台复辟"。

3. 媒体间的"蓝绿"对抗点燃起无硝烟战场

2000 年台湾政坛的首次"政党轮替"令"百年老店"国民党在一夜之间沦为在野党。执政权的转移，意味着国民党垄断、控制媒体历史的阶段性终结。事实上，早在民进党成立之初，民进党精英分子就把砸碎国民党新闻封锁、实现新闻自由作为社会动员的口号之一，把丑化国民党的党营媒体作为消解国民党政权合法性的重要手段。事实证明，这一招既狠毒又有效。执政后的民进党，更不会错过这一美好的历史时机，直接操起合法性屠刀对国民党实施"一剑封喉"，以实现"永续执政"之战略目标。一方面剑指国民党党营媒体以割断国民党"言脉"，另一方面彻查国民党党产以消解国民党"金脉"。双管齐下，国民党顷刻间再次领教了民进党的"点穴术"之威力，可谓招招直指要害。

在民进党疯狂"绿化"媒体之时，沦为在野党的国民党以及其他在野势力更加感到危机重重。在野势力对民进党造势能力已经领教过了，且在不同场合是"败多胜少"。血的教训告诫在野的国民党，若要夺回执政权，首要任务就是夺回媒体之舆论控制权。因为在信息时代，一旦媒体一片绿，没有"话脉"支撑，想重新执政难上加难！于是乎，台湾瞬间掀起了一股海啸式的媒体争夺战。在这场无硝烟的战场中，奠定了媒体"蓝绿对抗"之严峻的不可调和的舆论格局。

国民党作为"百年老店"，毕竟是"瘦死的骆驼比马大"。他们为了抢夺媒体也做出非常决绝的姿态，赤膊上阵与民进党全力搏击。他们利用一切可利用的资源和机会与民进党抢占媒体控制权。因此，尽管民进党执政后大张旗鼓、变本加厉地对媒体进行"绿化"改造，但从台湾媒体的"党派政治版图"布局来看，蓝绿媒体旗鼓相当。以电视媒体为例，台湾的 8 大主要电视媒体之中，中视、TVBS 电视台泛蓝立场犹如青松般始终坚定；而民视、华视泛绿立场也比较稳固。在数量上，蓝绿电视媒体可谓是各占半壁江山。

在民进党执政的 8 年间，他们曾经打出"党政军退出媒体"这张合法性政治牌。2002 年 12 月 11 日，台湾"立法院"教育委员会初审通过了"广电法"部分条文修正案，要求政府、政党不得以直接或间接方式投资广电事业，政党及政党党务人员也不得担任广电事业董事、监理、经理，违者处罚款停播处分。该法案特别指出，国民党党营事业的中视和中广，需在法案施行 3 年内释出国民党持有的股份；民视和环球电视的董事长蔡同荣、张俊宏（两人均为民进党中常委）也需在法案实施 6 个月内辞去党职或解除媒体职务。

事实证明，沸沸扬扬的"党政军退出媒体"事件，仅是在野的国民党与民进党争夺媒体控制权大战中的一个闹剧而已。正如台湾《联合报》发表社论所言："无论蓝绿，诚意是媒体改革的第一要义。即便'党'和'军'退出媒体，如果填补空隙的，却是那头不知歇息的'政治怪兽'，于改革何益？"事实正是如此。"党政军退出媒体"本是追求媒体言论自由以摆脱行政、政治之干预的良策，然而新加入媒体的大亨们并非都是善良之辈。他们在这场被喻为"政治怪兽"争斗的媒体大换血中，个个以捞取政治资本和经济效益为目的，至于媒体本该有的正义、中道、良知等等，却被他们抛到脑后。于是"党政军退出媒体"后，实质上却演绎为媒体经营权移转之争、蓝绿之争，这与改革初衷完全南辕北辙。

4. 政治人物比嘴皮子与媒体公信力下降

如今的台湾民主政治已演绎为"媒主"政治，即民主选举和政客演说越来越依赖于媒体。媒体是"制造业"，它可以通过炒作，一夜之间制造出一个亮丽的政治明星。同时媒体也是"屠宰业"，可以通过恶意炒作起哄，一夜之间将亮丽的政治明星扳倒、搞臭、宰杀，永世不得翻身。这里的区别只有一个，就看政治人物怎样跟媒体合作，政治人物怎样利用媒体进行宣传造势。在台湾，一个不容争辩的事实是，谁掌控媒体，谁就拥有舆论主导权；谁更能吹嘘蛊惑，谁就能赢得更多选票。这正如沃尔特·李普曼所言："目前正在发生一场革命，其意义比经济权力的任何变动都要重大得多……那就是，说服已经变成一种自觉的艺术和世俗政府的一个常规功能。"从某种意义说，选战就是政治表演，比拼的是选手"嘴皮子"能力，比拼的是政客选手的政治劝说才华。

马英九、蔡英文、宋楚瑜可谓久经沙场的政治传播造势高手，他们在2012年"大选"中的终极"PK"，无疑是台湾政治舞台最具"看点"的剧目，吸引了两岸三地无数观众的眼球。三位顶尖级高手的传播才艺被媒体推送在公众面前，他们犹如鱼缸里的金鱼，一举一动皆被媒体一览无遗地展现在阳光之下。由此可见，媒体就是候选人的战场，谁赢得媒体加分，再经过媒体影响公众、导向公众，谁就能赢取选票。

很多学者认为，从"双英"对决的电视辩论表现来看，马英九表现优于蔡英文。经过申论、媒体质询、交互诘问、结论四个环节的较量，马英九的心态、辩论策略、逻辑、现场反应、控场技巧、情绪调控以及攻守节奏的把握，显得更胜蔡英文一个段位。马英九从申论的一开始就抛出："谁能真正振兴台湾经济？谁能真正实践社会正义？谁能实现两岸和平？带领台湾人有尊严地迈向世界？"他先声夺人，将公众关注焦点聚集到自己身上来。接着，马英九从经济、社会、两岸关系、"外交"四个方面把自己执政4年的成绩道足说透，目的是要说明自己是一个有能力、富有经验、廉洁、可托付重任的领导人。在陈述中，他还不忘提醒台湾选民：自己4年的成绩单远远超出民进党8年的表现，不能把台湾交给一个"生手"，不能回到民进党贪污腐败封闭退步的老路上去。

如果说电视辩论会是马英九亲自上阵胜出，那么其他媒体在台湾政治"大选"赛季中也表现十分活跃。对他们的政治传播技巧作一番透视剖析，也是可以发现问题的。比如台湾"中央日报"网络版，它的政治倾向十分明显。一是明确传达"弃宋保马"之政治立场，具体表现在篇幅版面上，极少关注"橘营"宋楚瑜，政治信号很强。二是大篇幅报导马英九的政见阐述，重点突出，表述到位。三是"顶蓝反绿"倾向明显，该报绝大多数评论文章都是"亲马"取向，而对蔡英文则采取尖锐质疑之态。"大选"临近，"中央日报"网络版对"双英"的曝光率相差无几，一号是马英九，二号是蔡英文，但对宋楚瑜则是采用淡化处理方式。

在偏绿的三立电视台或《苹果日报》文宣中，人们看到的多是蔡英文面孔，赞语颇多，指责几无；而对马英九则采取贬斥、讥讽、嘲笑之能事，恨不得将马英九即刻轰下台。

这些媒体这样做，既不厚道也不公正。换言之，媒体一旦被染上蓝绿色彩，它的权威性、可信度和公信力能有几多？这就形成一个巨大的悖论：政治人物在媒体上竞选中"口头才华"得以展露，他们声称推进社会进步、解决社会矛盾，实则为了选票不得不通过媒体阻碍社会进步、加剧社会矛盾。本来台湾社会就族群对立突出，选举一次不但矛盾未能化，反而矛盾更深一层。现实再一次表明，政纲、承诺和实际效应的南辕北辙，彻底地宣告了台湾政党媒媾和对台湾社会造成了巨大的侵蚀破坏，同时也宣告了台湾民主在社会实践中的运行失败。

（三）"置入性营销"的"有偿新闻"性质

考察在商业利益主导下的台湾媒体，不难发现其"第四权"维护公共利益的功能日渐式微。商业性炒作与现代营销手段的介入，直接引发了媒体作为"社会良知"和"媒体利益"两者之间的本末倒置。"置入性营销"，是台湾媒体惯常使用的一个手法。为了生存所需，台湾很多媒体欣然接受政党的"应召"。2000 年民进党上台执政，政党对媒体的影响力由体制内的直接控制转向以金钱方式介入的间接控制。行政机构通过给予金钱，掌握部分新闻与评论内容，或者以"有偿电视"的方式直接购买电视时段来宣传政策与政绩，这就是所谓的"置入性营销"。

面对经济的不景气和媒体市场的激烈竞争，台湾媒体业者普遍都有相当大的经济压力，因而陈水扁的"置入性营销"便受到了媒体的热烈追捧。这样做显然是对媒体的公然蔑视和恶意践踏。于是有媒体人愤然指责"置入性营销"是对新闻自由的严重干涉，"如果穷疯到连新闻都能卖，与娼妓何异？新闻被'置入'就如同女人被强奸失身。"

然而，对于这种用钱"买媒体"、"买时段"的行为，不少台湾政客并不以为耻。前民进党主席游锡堃在担任"行政院长"时曾经大言不惭地说："如果'政府'要做政策倡导，其内容却非媒体所要报道的，这时候'政府'可能必须付费；'政府'使用媒体通路，就像使用文具、建筑物一样，本来就应该付费。'政府'集中采购媒体节目，价格虽然有高有低，但仍比过去省下更多经费，没有'立委'指控'浪费人民血汗钱'的问题"。

就这样，在政客的推动和自身商业利益的驱使下，媒体无视外界的冷嘲热讽与批判，义无反顾地展开双臂拥抱"置入性营销"，对政党的竞选造势广告，也表示热烈欢迎，甚至于将整个新闻时段全部转播选举造势晚会也在所不惜。

更为不耻的现象是电视开票骗局。每逢选举投票当天，各家电视媒体都会做开票转播。然而，为了拉升各自所属阵营的士气，为了营造出自家报道最"及时"的假像，争抢收视率、提高商业利益，就成为许多电视媒体的"规定动作"，各个电视台纷纷投入到了"灌票"的游戏中去。最典型的例子就是 2004 年 3 月 20 日台湾地区领导人"大选"的开票转播。当台湾"中选会"开出 5 万多张选票时，部分电视台的票数已冲到 500 万，而且在开票转播过程中，三立与年代电视台都曾出现票数由多变少的情况。这种"灌票"造假的现象，"让一些负责播报工作的主播胆战心惊，然而电视台政策如此，个人除了配合之外，也不敢有所违逆，'是市场压力逼着大家走这样的路，身在其中的人很无奈'，电视工作者如是说"。

应当承认，媒体乱象的确不是解释当前台湾民主政治极端状态的唯一要素，也不能作为台湾社会矛盾重重的唯一证据。但它无疑在将台湾社会推入陷阱和恶化政治生态中起了推波助澜作用，也是难辞其咎的。台湾媒体之所以变得无序化和不可信任，原因就在于其过度地越位介入政治派别的斗争，将自身固有的监管"第四权"抛之九霄云外。

（四）政客随媒起舞生成台湾政坛的另样画面

台湾虽然媒体行业力量强大，但SNG车再多也多不过台湾的政党造势会、政客新闻发布会等政治秀场。媒体曝光率已经成为政党、政客竞相争取的目标。为了拉抬曝光率，满足新闻业者求新、求奇、求大尺度的需求，政党、政客都使出浑身解数，弄虚作假、出格言论、打架扔鞋、泼妇骂街、哭天喊地……各种手段无所不用其极，绘就出政客随媒体起舞的新画面。就在这种政客与媒体展开互动而引发的社会乱象中，无论是执政党还是在野势力，都沦为这场由媒体主导的"大秀场"中的悲喜演员，在并不高超的表演技艺中完成舞台或荧屏的政客角色认可。

他们这样做的弊端有目共睹，那就是台湾民心不断丧失、社会风气不断恶化、社会责任不断被抛弃。

1. 政党弄虚作假糊弄的是谁？

民进党靠媒体起家，最擅长利用媒体制造"假事件"。所谓"假事件"，简言之，就是"经过设计而刻意制造出来的新闻"。民进党在制造"假新闻"、"假事件"方面，是行家里手。他们能巧妙地利用外围造势来博取新闻版面，在画面里营造出万众一心或是千夫所指的场景，诸如反对两岸"三通"、造谣蒋介石"2·28事件"屠杀台湾数十万人、"台湾正名独立建国"等等，硬生生地创造出"意见主流"，打造了不容反对的扭曲语境。再比如新闻发布会、开张剪彩、游行示威、乃至电视上的候选人辩论——明明只有少许人举牌示威，经摄影镜头和电视画面艺术化加工，却是人山人海气象万千；明明是十几人欢迎陈水扁下乡探访，在画面剪接与生动旁白烘托下，却给公众以万民拥戴、夹道欢迎之感。应当承认，民进党使用这些伎俩，可谓绝真存假、误导公众，糊弄着谁呢？

2. 政客逢场做秀恶心着谁？

政客这一群体在全世界都有做秀的名声，台湾政客也不例外，不过台湾政客做秀的频率与尺度似乎可以同任何国家或地区的政客媲美，有过之而无不及。陈水扁过去在竞选的时候，每次面对记者时总要抱起他腿脚不便的妻子吴淑珍。2008年他下台后被羁押禁了，还写下情诗《给家后》、家书《收不到的情书》给妻子，表达思家思妻之情。苏贞昌总喜欢开口闭口"我妈叫我怎样怎样"，还拍出一组去上班或出门的镜头，只见他一路小跑地冲到楼下向楼上的母亲挥手示别。陈水扁与苏贞昌的这些做秀被岛内名嘴赵少康评为"实在是过头"、"有点恶心"。

其实，让人恶心的何止他们。有名的如1997年病重"立委"卢修一为苏贞昌"惊天一跪"，助其当选台北县长。2002年宋楚瑜含泪下跪，支持马英九连任台北市长等等故事，至今被人当作笑谈资料。多年来，台湾"立委"们在"立法院"的乱象也难逃做秀之嫌。2007年"立法院"曾在一天内爆发了三次集体激烈肢体冲突。很多刚当选的"立法委员"，为了让选民知道自己在"立法院""拼命"为他们争取利益，频频在摄像机前力搏出位，质询时大喊大叫，争论时不惜大打出手。那些聚光灯下的拳脚相向、粗言秽语，很多不过是有计划、有目的的"政治真人秀"。可以说，怎么恶心，怎么来。他们实在不怕恶心着谁！

2012年3月，"3·19枪击案"即将届满8周年之际，前"副总统"吕秀莲邀请媒体专程跑到当年案发现场回忆当时情景，接连呼吁马英九重启调查"3·19枪击案"，但此举被涉案嫌犯陈义雄的遗孀怒批为做秀，质疑她当时最有权力可查明真相的时候，为什么不查？其实民众都清楚，吕秀莲重提枪击案，只不过是不甘心退出政治舞台，重提旧案而作秀，提高其曝光率罢了，也是够让人恶心的。

3. 朝野冲突对立恶搞了谁？

在政治上，朝野对立属于正常，也是一种客观存在。按说，媒体面对政党对立，应在公正客观的条件下，多做疏导工作，帮助政党消弥冲突，弥补裂痕，化解矛盾，甚至在涉及社会进步和民族振兴、民生改善等重大问题上达成共识，这样做有利于社会的和谐，也可让执政者腾出更多的时间精力推进社会进步，改善民生。令人遗憾的是，台湾诸多媒体在非蓝即绿错乱理念指导下，以"以恶治恶"的手法，开启了对不同阵营政治人物和政策、体制、族群、中国、台湾等等议题进行长时间的大肆讨伐，于是朝野冲突无法消除，蓝绿对立依旧尖锐，社会在杂闹的争吵打斗声中完成"零和游戏"，这不能不说媒体有着不可推卸的责任。

　　台湾媒体从一党政治的受害者变为当今的民主政治破坏者，这是一场带有悲凉意味的戏剧性演变。在媒体政治下，台湾媒体与政客之间收买与献媚的大尺度互动也不得不说是台湾政坛的一大有趣看点，也不能不说是媒体对台湾政坛的一次次一场场的"恶搞"。那么，媒体到底"恶搞"了谁呢？难道只是政客被恶搞吗？显然不止如此，民众难道不是被戏弄和恶搞了吗？社会良知、社会责任、社会风气难道不是被游戏和恶搞了吗？

　　这样一来，本该对民主政治起到监督促进作用的媒体却在被异化后频繁添堵，增加社会乱象；本该以政见取胜的政治人物却利用媒体打击对手，或者有意识地在迎合媒体媚俗的过程中低俗化劣弊化，本该是媒体与政治结盟将社会推进，到头来却在"丛林法则"的恶搞中两败俱伤，看罢又怎能不令人悲叹！

后　记

　　民主是整个人类政治文明的共有共享成果，它在本意上是一种中性的制度安排，应不受意识形态之扰，也没有放之四海而皆准的"普世"，任何国家和地区的民主建设都应该是与自身的情况和特点紧密结合。从纯粹理论逻辑而言，只具有相对价值的西式民主模式很难移植到他国和地区，正如法国思想先驱卢梭所言："一切良好的政治制度并不是同等地适用于一切民族。"

　　中国台湾地区在所谓"民主化"之后，基本舶来了西式民主政治运作的规则、程序，陶醉于西式民主的光鲜外表，但实则并未真正实现民主深层次的精神内涵，而由此导致的民粹主义泛滥、蓝绿群体分裂、政治生态恶化、黑金体制严重等问题日积月累，已渗透到台湾政治肌体的每个毛孔，台湾"民主"已陷入民主模式认识的模糊和民主品质的恶化相交织的困境之中。我们编写该书就是试图对这些问题进行梳理和展现。

　　汪澍、洪伟、艾克担任本书主编，设计了全书总体脉络和章节结构，张明组织提纲撰写和统稿，宋新夫、吕正韬、黄晓伟撰写了本书初稿，少木森、戎章榕、杨国栋对书稿进行了修改完善。

　　本书在编写过程中借鉴了一些论文、专著、译著等材料，有的可能未及一一标注，在此特向所有文献作者表示衷心感谢。由于编者的时间和水平有限，本书还有颇多局限和不尽人意之处，望读者不吝赐教。

《台湾"民主政治"透视》编写组

二〇一三年六月